L'INSTANT CRU

Des recettes incroyables mais... crues !

Sans lait, ni œuf, ni farine... et sans cuisson

Pour des raisons de lisibilité, nous avons choisi d'écrire les marques déposées avec une majuscule, sans les faire suivre de la mention ™.

Raw chef **Marie-Sophie L.**

L'INSTANT CRU

Des recettes incroyables mais… crues !
Sans lait, ni œuf, ni farine… et sans cuisson

Photographies de Nicolas Leser

■ Albin Michel

SOMMAIRE

AVANT-PROPOS

La madeleine de Proust, « grassement sensuelle sous son plissage sévère et dévot » résume ma quête depuis toujours. Longtemps partagée entre ascétisme et gourmandise, diététique et volupté, je n'ai cessé de me passionner pour la nourriture. J'ai suivi une formation de naturopathe dans les années 1990 à la faculté de médecine Lariboisière, mon fils nouveau-né dans les bras... en allaitant. Et j'ai lu des centaines de livres de cuisine pour jouer avec d'innombrables recettes... en salivant.

Devenue *raw chef* aux États-Unis après des études dans les plus grandes écoles de cuisine en Californie, dont The Living Light Culinary Institute à Fort Bragg, j'élabore sans cesse de nouvelles recettes pour, chaque jour, reconfigurer l'équation essentielle du beau, du bon, du vrai... tout cru !

La gastronomie telle que je la renouvelle à travers mes recettes est éminemment ludique, instinctive et sensuelle. Elle s'inscrit dans une considération respectueuse de la nature à laquelle nous appartenons, de laquelle nous avons la responsabilité, avec laquelle nous évoluons et sans l'accord de laquelle nous ne pouvons vivre. Notre nature dans ce qu'elle a de plus élevé et de plus enraciné, de plus céleste dans ses aspirations et de plus terre à terre dans ses besoins. Notre nature interdépendante de la (sa) Nature qui fait de nous la partie et le tout. La façon dont je revisite l'irrépressible nécessité de consommer pour subsister, de prédater, de piller ou de puiser raisonnablement dans nos ressources communes procède d'une ambition personnelle de réconcilier en moi la matière et l'esprit. La volupté en est le point de fusion... Ainsi l'art de la gastronomie est une expression idéale pour donner joyeusement corps et consistance à cette « insoutenable légèreté de l'être » dans la célébration même de son incarnation... à chaque repas renouvelée.

J'arpente allègrement le chemin de crête des possibles d'un nouveau paradigme culinaire qui s'élabore à base de racines, de feuilles, de bulbes, d'algues, de pousses, de fruits, de fleurs, de graines et de noix, à l'exclusion de tout produit issu des animaux excepté le miel et le pollen. Il s'articule autour de protocoles de transformation très simples que sont la germination, la fermentation, le broyage aussi facile que rapide et la déshydratation en deçà de 42 °C (température au-dessous de laquelle les préparations ne sont pas cuites et les enzymes ainsi que la plupart des vitamines ne sont pas détruites).

Le mot « cuisine » découlant du mot « cuit », il est clair que l'appellation « cuisine crue » est une aberration de langage qui ne se justifie que par la nécessité de communiquer et définir un concept novateur en s'appuyant sur une référence connue de tous. Le terme de « c®usine » n'a pas le mérite d'être harmonieux ni même celui d'exister... pour l'instant ! Reconnaissons-lui sa raison d'être et accordons-lui peu à peu les lettres de noblesse qui lui reviennent de droit. La tradition sait toujours trouver les arguments pour résister à ce qui bouleverse l'ordre qu'elle est censée préserver. Et puisqu'il s'agit véritablement d'une nouvelle dialectique culinaire dont les termes restent à inventer, nos papilles charmées sauront rendre ce mot plus doux à nos oreilles : c®usine... c®usine... Et gageons qu'il sera un jour dans un dictionnaire... culinaire français. Ainsi, je vous invite à la conquête de cette *terra incognita* pleine de délices qui ne demandent qu'à se laisser découvrir. **Je vous engage à repenser l'art de se nourrir pour en renouveler les plaisirs... tout crus !**

Et parce que tout est possible ou presque en gastronomie crue (les lasagnes, les risottos, la tarte au citron, les fromages, le pain, les tuiles croustillantes avec des pommes fondantes au « ca*raw*mel »...), je me réjouis de partager avec vous mes recettes pour la plupart encore inédites en France, et de vous emmener dès maintenant dans le vif du cru !

Je vous promets dans L'instant Cru des révélations de saveurs, de parfums, des goûts retrouvés... **incroyables... mais crus !** Rien de moins !

Joyeusement,

Raw chef Marie-Sophie L.

LES PROTOCOLES DE PRÉPARATION
DE LA CUISINE CRUE

Le broyage

Le broyage parfait dans un blender puissant

Broyer (pulvériser ou mixer) s'inscrit dans un protocole de transformation essentiel en gastronomie crue. Seul un blender puissant transformera toutes sortes de légumes crus en purées, soupes ou smoothies parfaitement onctueux, les graines oléagineuses en « fromages » ou en crèmes irrésistiblement soyeuses, les noix les plus dures et les fèves de cacao brutes en ganaches impeccablement lisses et brillantes... Tout en rendant les préparations très digestes car les aliments sont broyés mieux qu'ils ne le seraient après une mastication rigoureuse.

Si vous ne possédez pas encore de blender puissant, **vous pouvez faire tremper les noix avant de les broyer**, mais seul un appareil spécialement conçu pour la gastronomie crue sera l'allié fidèle de la réussite de la plupart des recettes de L'instant Cru. Je travaille personnellement avec un Vitamix, dont la fiabilité et la puissance me sont indispensables. Il ne s'agit pas tant pour moi de vous convaincre d'acquérir un blender puissant que de vous conseiller au mieux, avec l'intégrité qui caractérise l'éthique de L'instant Cru, afin de vous permettre de réussir joyeusement les recettes que j'ai élaborées pour vous.

Le broyage-hachage dans un robot muni d'une lame en S

Il s'agit d'un broyage grossier ou d'un hachage plus ou moins menu incontournable dans la pratique de L'instant Cru. C'est le sésame pour accéder en quelques tours de robot aux risottos, aux semoules, aux fonds de tarte, aux crèmes et beurres de noix et de graines, etc. Là encore, pour que la magie opère, il est toujours prudent de s'équiper d'un appareil de grande capacité sur lequel on puisse compter. Ainsi les légumes crus se transforment en grains petits comme ceux du riz ou en semoules fines, les noix et graines oléagineuses les plus dures se laissent réduire en sable ou en purée comme en beurre, les légumes feuilles se font hacher menu en quelques vrombissements...

La germination
dans des bocaux, des sacs à lait ou des germoirs

La germination est le réveil de l'embryon dormant en toute graine. Mettant fin à sa vie latente pour donner naissance à une nouvelle plante, la graine germe à l'humidité et à l'abri de la lumière. Selon l'espèce et les conditions du milieu, le pouvoir germinatif d'une graine persiste de quelques jours à plusieurs siècles.

Ce processus induit une multitude de réactions chimiques qui potentialise la vitalité et la richesse de la graine. La synthèse d'enzymes permet une prédigestion des glucides, des lipides et des protéines, certaines vitamines augmentent de façon considérable.

À la fin de la germination, les cotylédons se flétrissent et laissent la place aux vraies feuilles qui prennent le relais pour alimenter la plante grâce à la photosynthèse.

La germination est le moyen le plus abordable et le plus simple de faire pousser ses propres salades et de transformer sa cuisine en jardin. Nul besoin de terre : seulement des pots propres, des graines biologiques de bonne qualité et de l'eau pure. Ainsi, 2 cuillères à café de graines d'alfalfa produisent en 1 semaine une belle quantité de verdure pour 1 personne... Un concentré de vitamines et de vitalité disponible sans intermédiaire (voir Réveiller les graines et les noix et Faire germer des graines et croître des jeunes pousses, p. 18,).

La déshydratation
ou séchage à basse température dans un déshydrateur

La basse température en deçà de laquelle les aliments ne sont pas cuits, juste séchés, c'est-à-dire libérés de leur teneur en eau, se situe entre 40 et 42 °C. Il est très intéressant d'obtenir des crackers croustillants… crus, des fonds de tarte, des gâteaux secs, du pain, ainsi que de déshydrater des préparations pour obtenir des crêpes, des confitures, des ca*raw*-mels, des coulis ou intensifier une marinade de légumes.

Un déshydrateur est un appareil qui ressemble à un four pourvu de plateaux, à l'intérieur duquel circule une chaleur soufflante à une température précisément réglable (à partir de 30 °C) qui préserve au mieux l'intégrité des enzymes, de certaines vitamines et tous les processus vivants qui font l'intérêt des recettes de L'instant Cru.

Sur les plateaux, des feuilles cirées réutilisables en Téflex permettent que les préparations quasi liquides s'étalent parfaitement et se décollent facilement lorsqu'elles sont partiellement déshydratées. On peut ainsi les retourner sur la grille nue (sans la feuille Téflex) et les sécher davantage (dessus-dessous) pour parvenir à une croustillance si ce n'est à une consistance plus dure. Investissement assez coûteux, ces feuilles sont indispensables mais réutilisables, lavables en plus d'être très pratique.

Un four classique peut remplacer le déshydrateur dans les premiers temps, si tant est qu'il puisse se régler à une température n'excédant pas 50 °C avec la porte entrouverte.

Toutes sortes de préparations trouvent leur place dans un déshydrateur :

- de simples fruits détaillés en rondelles pour être conservés des mois après séchage complet ;
- des crèmes de fruits mixées qui deviendront des « cuirs » de fruits à accomoder en crêpes, en *wraps*, en rouleaux ou en pâtes de fruits ;
- des feuilles et des herbes qui peuvent devenir des chips croustillantes (comme les *Chips de kale au curry*, p. 124) ;
- des légumes, des graines germées pour être moulues en farines après séchage ;
- toutes les graines et les noix, après leur réveil au cours d'un trempage dans l'eau ;
- de même que les préparations culinaires élaborées telles que les gâteaux, les crackers, les cookies et toutes les réductions (douces) de sauces et de crèmes (voir Déshydrater des préparations crues, p. 27).

Déshydratation des **Chips de kale au curry** *(p. 124)*

Ci-contre, de gauche à droite en partant du haut : **Tuiles de sésame noir** *(p. 166),* **Croustillants de sésame blond au miel** *(p. 143), tuiles fines au cacao, gâteaux de voyages à l'ananas et au romarin,* **Gâteaux de voyage aux 3 parfums** *(p. 168), gâteaux de voyage à la mandarine, croustillants au cacao,* **Tuiles fines aux 3 parfums** *(p. 168), croquants au quinoa et au cacao,* **Crackers aux arômes de pain d'épices** *(p. 52),* **Tuiles très fines aux 3 parfums** *(p. 168), gâteaux de voyages aux fruits noirs.*

La lacto-fermentation

C'est le seul procédé de conservation des aliments qui potientialise leurs qualités nutritives et gustatives, ainsi que leur digestibilité, en les enrichissant significativement, à l'inverse des autres procédés de conservation qui les appauvrissent ou les détériorent. Oui ! Il y a plus de vitamines dans les légumes lacto-fermentés que dans les légumes frais.

La fermentation (ou lacto-fermentation, ou encore enzymation) transforme le sucre des aliments en acide lactique, acétique (vinaigre) ou en alcool. Cette transformation s'opère grâce à des micro-organismes naturellement présents dans l'aliment (bactéries et levures), ou ajoutés à la mise en fermentation par le biais des probiotiques (*Streptococcus*, *Lactobacillus* et certains *Bacillus*), des misos, etc. La fermentation est un moyen traditionnel de conservation des aliments, pratiqué depuis plus de dix mille ans. L'acide lactique inhibant les micro-organismes susceptibles de provoquer la putréfaction, la lacto-fermentation est un mode de conservation d'une sécurité absolue, beaucoup plus fiable que l'appertisation (stérilisation des conserves) et la surgélation. Il est, de plus, inratable. Si quoi que ce soit ne se passait pas correctement, l'odeur désagréable qui se dégagerait interdirait toute consommation. Il n'est pas possible de se tromper.

En plus de tous ces avantages, la lacto-fermentation ne nécessite que du sel, des pots propres et quelques minutes seulement (voir Réussir la lacto-fermentation des légumes et de certains fruits, p. 20).

La lacto-fermentation des « fromages » de graines et de noix se fait quant à elle avec des sacs à lait ou des mousselines et des probiotiques ou du rejuvelac (voir Faire des fromages de graines et de noix express, p. 28, et Fabriquer du rejuvelac, p. 20).

L'extraction des jus et la fabrication des glaces
avec un extracteur à rotation lente

Alors que les centrifugeuses broient très rapidement les légumes et les chauffent, menaçant la plupart des vitamines, les extracteurs tournent à 80 tours par minute, très lentement, sans les chauffer, et préservent ainsi les goûts et les propriétés nutritives des jus. Je ne saurais que trop vous recommander l'utilisation exclusive d'un extracteur de jus à rotation lente. D'autant qu'un bon extracteur permet aussi la fabrication de purées, de beurres d'oléagineux, de pâtés végétaux et aussi... de glaces exquises sans lait ni crème (voir Réaliser des glaces, p. 27, Faire des jus d'herbes, de légumes et de fruits, p. 23, et Faire des beurres, ou purées, de graines et de noix, p. 15).

D'un côté la pulpe, de l'autre côté le jus.

Les bananes congelées sont introduites, des serpentins de glace se déroulent.

LES TECHNIQUES POUR CUISINER CRU

Faire des laits ou des crèmes de graines et de noix

La collaboration d'un puissant blender est requise pour pulvériser les graines et les noix dans de l'eau, même si les plus dures ont été mises à tremper 1 à 2 h auparavant. Un minutieux broyage donne une pâte plus ou moins épaisse selon que l'on veut obtenir du lait ou de la crème, que l'on coulera dans un sac à lait ou un chinois afin de séparer le lait ou la crème de la pulpe. Plus ou moins sèche, la pulpe sera précieuse pour la réalisation de *Petits pains* (p. 44). Elle pourra aussi être broyée en farine après avoir été séchée dans un déshydrateur en remplacement de la farine de sarrasin parfois utilisée dans les recettes de L'instant Cru.

1 tasse (240 ml) d'eau pour 1 tasse (140 g) d'amandes, par exemple, fournira 1 tasse de lait d'amande crémeux et 3/4 de tasse (150 g) de pulpe.

Les amandes sont mixées avec de l'eau dans un blender puissant.

Le lait (ou la crème) obtenu est filtré à travers un sac à lait et peut être congelé.

Dans le sac à lait reste la pulpe, qui peut aussi être déshydratée 2 h puis broyée pour être transformée en farine (voir p. 14).

Faire des farines, ou poudres, de graines et de noix

Il suffit de mixer des graines oléagineuses (tournesol, sésame, etc.) et/ou des noix (de macadamia, de pécan, de Grenoble, de cajou), des amandes, etc. dans la cuve d'un robot muni d'une lame en S. Nous commencerons par obtenir une farine plus ou moins grossière (comme un sable), qui deviendra de plus en plus fine à mesure que le robot tournera. La seule précaution à ce stade sera de faire tourner les lames du robot par brèves pulsions successives et dans une cuve assez vaste pour bien aérer la farine, puis de veiller à interrompre le broyage avant que les noix et les graines ne libèrent de l'huile (ce qui est très visible à travers les parois de la cuve). L'intervention d'une spatule sera précieuse pour décoller la matière amalgamée sur les parois et au fond de la cuve. Ces farines, sans lien avec les céréales, serviront à la confection de fonds de tarte.

Les graines de sarrasin, trempées 4 h et germées 2 jours, peuvent aussi être déshydratées (12 h) puis transformées en farine dans un mixeur ou un moulin à céréales. Elles sont très digestes et sans gluten pour ceux que cela concerne.

Toutes ces farines ont leur personnalité, et faire leur connaissance est une découverte tellement riche en sensations qu'elle remet naturellement en question les paramètres culinaires traditionnels. C'est toute la richesse de L'instant Cru.

Les amandes sont broyées en poudre, en farine.

Les graines de sarrazin germées et déshydratées sont fraîchement moulues en farine.

Faire des beurres, ou purées, de graines et de noix

En prolongeant le broyage des graines et noix décrit ci-dessus pour la confection de farines avec les graines broyées en poudre, nous obtenons une pâte. À ce stade, nous ajoutons un peu de sel et un filet d'huile pour faciliter le broyage. Nous procédons en plusieurs fois pour ne pas chauffer les graines oléagineuses de qualité crue, afin qu'elles ne perdent pas les précieuses qualités que l'on veut préserver.

La purée obtenue (appelée aussi « crème » dans le commerce) se conserve dans un récipient hermétique au réfrigérateur pendant 3 semaines et au congélateur pendant 3 mois.

Si vous n'avez pas le temps de les fabriquer vous-même, vous pouvez utiliser de délicieuses purées toutes faites, de qualité biologique et crues !

Le broyage de la farine d'amande se prolonge jusqu'à obtention du beurre d'amande.

Réaliser des **fonds de tarte**

Ni farine, ni céréales, ni beurre, ni cuisson... ni même de déshydratation ! Alors quoi ? Eh bien, il y a de nombreuses façons de réaliser un *crust* (un fond de tarte) sans avoir recours à un déshydrateur... Même si ce dernier est plus que précieux pour l'élaboration de plats crus. Les *crusts* procèdent presque tous de la même méthode : il suffit de broyer dans la cuve d'un robot muni d'une lame en S une base d'oléagineux (graines ou noix, le choix est grand), une poudre (farine d'amande, noix de coco, cacao, caroube, lucuma, etc.) et des fruits secs (dattes, cerises, raisins, etc.) et d'amalgamer la pâte réalisée au fond d'un moule.

La seule petite difficulté est d'obtenir un sable dont la consistance reste assez sèche pour s'amalgamer entre les doigts, avant que les noix ne rendent de l'huile. Pour tapisser le moule, il suffit de presser fort la pâte avec les doigts, pour qu'elle devienne solide. Pour bien durcir la paroi, il faut appuyer latéralement avec un pouce tout en pressant avec l'autre verticalement.

La pâte parfaitement amalgamée au fond du moule est prête à durcir au réfrigérateur, à moins qu'elle ne soit pressée de se laisser garnir telle quelle...

Réaliser des confitures... crues !

Des confitures crues, c'est une expression paradoxale puisque « confiture » veut dire « confit ». Et pourtant, c'est un vrai bonheur de déguster une confiture dont les fruits n'ont pas été cuits et recuits dans du sucre. En un tour de main et quelques tours de blender (là encore, seul un blender puissant viendra à bout des fruits séchés et les réduira en fine purée), je concocte une confiture vivante avec des fruits frais ou surgelés, des fruits secs et de l'eau. Toutes les combinaisons de fruits sont possibles : il importe juste de maîtriser l'acidité des fruits frais par la douceur des fruits séchés, précieux dans notre « c®usine », en ajoutant éventuellement du sirop d'agave cru, et d'équilibrer la texture en jouant avec celles des fruits frais, des fruits surgelés et des fruits séchés... On peut même ajouter un peu d'agar-agar pour une gelée fraîche comme la rosée et généreuse comme un fruit séché au soleil. C'est tout l'art de la confiture crue. Parce que la cuisine crue, que dis-je, la « c®usine », procède d'une dialectique culinaire nouvelle, même les mots sont à inventer...

Un simple coulis de fruits frais ou surgelés peut aussi épaissir à la douce chaleur du déshydrateur en permettant une évaporation et concentrer ainsi sa teneur en sucre ainsi que sa consistance. C'est un procédé beaucoup plus long, très intéressant pour des recettes plus exigeantes. Pour une confiture instantanée en quelques tours de blender, le mélange de fruits frais (ou surgelés) et de fruits secs est plus approprié.

Les proportions pour l'utilisation de l'agar-agar sont variables selon l'acidité de la préparation. L'acide, comme l'alcool, réduit la capacité de l'agar-agar à gélifier. 1 cuillère à café (environ 2 g) convient pour gélifier 1/2 litre de liquide. Pour épaissir 2 tasses (soit environ 1/2 litre) de confiture crue, 1/2 cuillère à café d'agar-agar diluée dans 1/4 de tasse d'eau et portée à ébullition quelques secondes suffit. La gelée d'agar-agar encore chaude est alors ajoutée à la confiture crue lorsque les lames du blender tournent à grande vitesse. La confiture épaissira en refroidissant.

Faire des **purées et des soupes**

Il suffit de quelques légumes, d'une petite poignée de graines oléagineuses, d'un peu d'eau. Nous activons un blender à grande vitesse. Le tout est d'avoir un appareil assez puissant pour broyer les légumes les plus résistants en une texture irréprochablement crémeuse et onctueuse. Nous obtenons une purée, à laquelle il suffit d'ajouter un peu d'eau, du sel et des épices pour l'allonger en une soupe parfaite. Et c'est tout!

Les purées et soupes crues apportent une onctuosité douce et réconfortante sans sacrifier la personnalité vivace, acidulée et si parfumée des légumes qui ont échappé à la cuisson. Les goûts viennent taquiner si délicieusement nos papilles que l'on se surprend à sourire en les dégustant. Qui n'a jamais goûté une soupe de légumes crus et ne fréquente ces derniers que lorsqu'ils sont cuits ne peut pas prétendre les connaître...

Réveiller les graines et les noix

Les graines et les noix de qualité crue restent vivantes et sont en dormance. Lorsqu'on les immerge dans l'eau pure, les graines se réveillent, se débarrassent de l'acide phytique contenu dans la peau qui les protégeait. Elles augmentent ainsi considérablement leurs qualités nutritionnelles et gustatives. Elles sont comme fraîches. Il suffit de changer l'eau ou de les rincer abondamment matin et soir pendant leur période de réveil.

Toutes ces graines trempées, revitalisées et dynamisées, aussi digestes et nourrissantes, sont d'une richesse inouïe. Elles nous permettent de réaliser des recettes au goût inédit et nous invitent à renouveler joyeusement toutes nos habitudes alimentaires.

Important
Toutes les recettes à base de graines et de noix peuvent être réalisées avec des graines et des noix réveillées par un trempage dans de l'eau claire. La nécessité du trempage n'est donc pas indiquée dans les recettes, d'autant que les noix sans peau n'ont pas besoin de trempage.

Faire germer des graines et croître des jeunes pousses

Pour avoir à portée de main et croquer de la salade fraîche et vivante toute l'année dans sa cuisine, c'est très simple : il suffit de faire tremper tous types de graines (sauf les graines de tomate ; voir tableau ci-contre) dans de l'eau pure, de les laisser germer (à l'abri de la lumière si possible), et de les rincer matin et soir avant de les récolter. De simples bocaux, munis de couvercles percés ou de mousselines tenues par un élastique laissant passer l'eau, sont suffisants pour mener à bien la germination jusqu'à la naissance des feuilles. On peut aussi utiliser des sacs à lait suspendus. Des bocaux de germination sont tout de même un investissement de base confortable et très vite amorti !

Les seules précautions à prendre sont de permettre une bonne aération des graines et de les rincer soigneusement matin et soir pour éviter radicalement les risques de moisissures. Pendant le rinçage, il est parfois utile de démêler un peu les graines germées en secouant les bocaux remplis d'eau et de les débarrasser de leurs enveloppes (téguments) ; celles-ci, ayant cédé sous le déploiement de la graine, flottent naturellement à la surface de l'eau quand les graines sont immergées. Pour les jeunes pousses, il est très facile d'utiliser des germoirs automatiques qui gèrent l'arrosage régulier des graines, sans être raccordés à une source d'eau.

Les graines bien rincées sont conservées au réfrigérateur (le froid inhibe leur croissance) durant 3 ou 4 jours. Les graines germées sentent bon et sont vert et blanc. Toute odeur suspecte, ou toute coloration des racines jaune foncé ou marron, interdira naturellement leur consommation. Les graines germées comme les pousses sont savoureuses, toujours croquantes, fraîches, pleines de saveur et de vitalité. (Je vous recommande le lien mes-graines-germees.com sur le site internet Home to Nature qui donne une foule de précisions passionnantes qui ferait l'objet d'un livre entier.)

Le temps de trempage variant d'une graine à l'autre, il est indispensable de le respecter pour ne pas craindre d'endommager la graine.

Variété de graines	Nombre d'heures de trempage	Longueur de la pousse à la récolte (en cm)	Prêts en... (nombre de jours)
Alfalfa (luzerne)	4 à 8	2,5 à 4	3 à 7
Aneth	6 à 8	2 à 3	4 à 8
Blé	12	0,5 à 1,5	2 à 3
Brocoli	4 à 6	2,5	4 à 6
Céleri	4 à 6	2	8 à 10
Courge, citrouille	6 à 8	0,5	1 à 3
Cresson	0 à 1	3 à 4	3 à 7
Épeautre	8 à 12	0,5 à 1,5	3
Épinard	4 à 6	2	5 à 8
Fenugrec	6 à 10	1,5 à 2,5	2 à 5
Haricot azuki	14 à 18	1 à 2,5	3 à 5
Haricot mungo (soja vert)	10 à 16	1 à 5	3 à 4
Lentille	8 à 12	1 à 2,5	2 à 5
Lentille corail	6	1	2 à 4
Lin	< 1	0,5 à 4	2 à 5
Maïs	12 à 20	1,5	3 à 4
Millet	8 à 10	0,5	3 à 5
Moutarde	0,5 à 4	2,5 à 4	2 à 6
Orge	8 à 12	0,5 à 1,5	3 à 4
Poireau	10 à 12	3 à 4	10 à 15
Pois chiche	14 à 18	0,5 à 2,5	3
Petit pois	12 à 18	1,5	2 à 3
Pourpier	< 1	3 à 4	3 à 6
Quinoa	1 à 3	0,5 à 3	1 à 2
Radis	5 à 6	2,5	3 à 6
Sarrasin décortiqué	0,5 à 1	0,5	1 à 3
Sésame non décortiqué	4 à 6	0 à 0,5	1 à 2
Tournesol décortiqué	4 à 6	0 à 1,5 ou 4	1 à 2

Fabriquer du **rejuvelac**

Le rejuvelac est un liquide fermenté à base de graines ou de céréales germées (voir Faire germer des graines et croître des jeunes pousses, p. 18). Fabriqué traditionnellement avec du blé, il peut l'être à partir de pratiquement toutes les graines. Je vous le propose avec du quinoa.

Les graines de quinoa, dont on voit apparaître le minuscule germe après qu'elles ont été trempées 1 nuit, puis laissées à germer dans une passoire sous un linge pendant 1 à 2 jours, sont immergées dans de l'eau pure pendant au moins 3 jours, à l'abri de la lumière et protégées par un linge propre (j'utilise un sac à lait). Je précise que le bocal doit être d'une propreté parfaite, ébouillanté et séché à l'air libre. Le mélange va travailler et devenir une boisson pétillante, vivante, avec un goût de petit-lait citronné très agréable. Rafraîchissante, elle se laisse boire telle quelle ou participe à la fermentation des noix et des graines dans le but de les transformer en fromage frais ou sec. On peut ajouter jusqu'à 2 fois de l'eau au mélange initial pour fabriquer 3 générations de boissons.

Aucun rejuvelac ne ressemble à un autre et les réactions sont très variables. Il suffit de sentir, de guetter, d'expérimenter, de goûter et d'apprivoiser le rejuvelac pour s'en faire un ami. Excellent pour la santé, tant il est bourré de probiotiques, il est aussi un allié précieux pour la réalisation de kéfir, de lait d'amande, de fromage blanc, de yaourts et de fromages à la fermentation plus poussée et affinée comme le *Fromage fermenté de base* (p. 118).

Réussir la **lacto-fermentation des légumes** et de certains fruits

Pour réaliser une choucroute, il suffit de masser les feuilles de chou ciselées avec une grande quantité de sel fin pour leur faire rendre de l'eau, saumure naturelle dans laquelle le chou va baigner et la lacto-fermentation s'opérer, à l'abri dans des bocaux durant 1 à 3 semaines (après, cela se stabilise). Les bocaux doivent être absolument propres, ébouillantés avant d'être séchés à l'air libre... Ils ne doivent pas être remplis jusqu'au bord car la préparation va prendre du volume en fermentant. Un poids placé sur la choucroute (un bocal rempli d'eau de plus petit diamètre que le bocal dans lequel la choucroute « pousse ») assurera que le chou est bien immergé dans la saumure. La fermentation s'opérant à l'abri de l'air (en anaérobie), il faut veiller à ce que le bocal soit fermé pendant au moins 3 semaines. La fermentation peut s'opérer sans couvercle pendant 1 semaine si les légumes sont destinés à être consommés tout de suite (en étant stockés au réfrigérateur) (voir *Choucroute toute simple* et *Kimchi*, p. 116.)

Avec ce procédé simplissime et ancestral, on peut réaliser facilement toutes sortes de choucroutes superbes. Les possibilités de mariage entre les légumes et les fruits sont à célébrer joyeusement parce qu'elles sont infinies...

Je vous invite à consulter l'excellent blog de Marie-Claire Frédéric, nicrunicuit.com, qui regorge de conseils avisés, de bon sens et d'humour.

Faire de la **gelée d'algue irlandaise, *irish moss***

L'*irish moss* est une algue gorgée de minéraux et de protéines appelée « carraghénane », largement utilisée comme épaississant dans l'industrie agroalimentaire. La voilà sous sa forme naturelle : elle donne à certaines recettes une consistance exquise. Elle est très précieuse pour réaliser des crèmes, du pain, etc.

On la rince, on la nettoie soigneusement dans au moins 3 ou 4 eaux, et on la laisse tremper 1 à 4 h dans la dernière eau pour qu'elle se réhydrate, qu'elle gonfle et qu'elle perde son odeur caractéristique d'algue. À ce stade, on ne la rince plus. On la mixe dans un blender super-puissant avec la plus petite quantité d'eau possible (à peu près la moitié du volume de l'algue) pour la réduire en gelée. Il est plus facile d'en préparer à l'avance une bonne quantité pour la mixer aisément : au minimum 1/2 tasse (120 ml). Elle se congèle dans des bacs à glaçons, ce qui permet d'en avoir toujours à disposition. Elle se décongèle rapidement dans de l'eau tiède. Juste refroidie après un passage au réfrigérateur, elle est solide. Moins cassante que la gelée d'agar-agar, la gelée d'*irish moss* peut la remplacer en totalité ou à mi-proportion, pour une préparation plus souple.

Faire des **sauces de salade**

Dans un livre de recettes toutes crues, où ne figure aucune salade – vous pourrez le constater –, il ne me paraît pas déplacé de glisser une recette de sauce... sans huile ! Quitte à bouleverser les codes.

Ainsi, il est assez ludique de préparer en quelques tours de blender une sauce incluant de l'avocat ou des graines de tournesol germées, de leur adjoindre quelques graines de moutarde, du citron ou du vinaigre, du sel et de l'eau... De même qu'une mayonnaise sans œuf (voir p. 55).

Car, pour être délicieuse, il est bon qu'une sauce recèle les cinq saveurs (salé, sucré, acide, amer et piquant), un peu comme un accord parfait de cinq notes. Et même une sixième note, la saveur *umami*, présente dans la sauce tamari, de soja. Et quand l'équilibre des saveurs est réussi et que chaque note trouve sa place dans la sauce, c'est toute la salade qui danse joyeusement.

Salade ? Mais quelle salade ? Oh ! Une farandole de graines germées et de pousses qui se sont échappées de leurs bocaux de germination pour faire irruption dans l'assiette !

Faire des jus d'herbes, de légumes et de fruits

Les jus méritent un chapitre spécial car ils sont très emblématiques, si ce n'est de la gastronomie, du moins de l'alimentation crue, notamment le jus d'herbe de blé. La molécule d'hémoglobine du sang humain est jumelle, à un atome près, de celle de la chlorophylle : le jus d'herbe de blé peut faire des miracles dans certaines pathologies. Je le trouve personnellement « difficile » à boire. En termes de sensations physiques (pas gustatives !), il est génial. Il oxygène le cerveau comme un grand bol d'air pur après une balade en forêt. Mais son goût n'est pas du tout glamour. Il devient « acceptable » avec du jus de citron, du gingembre et une demi-pomme. Je l'ai bu quotidiennement pendant des années, jusqu'à ne plus pouvoir en sentir l'odeur, très écœurante, il faut bien l'admettre...

Cela dit, les jus sont absolument délicieux et revigorants, si tant est qu'on utilise davantage des feuilles vertes que des fruits et des légumes sucrés. Privés des précieuses fibres qui ralentissent le passage de leurs sucres dans le sang, les jus de fruits peuvent favoriser un pic de glycémie (augmentation du taux de sucre dans le sang), suivi d'un contrecoup, d'une baisse d'énergie. Mieux vaut dans ce cas ne pas séparer ce que la nature a uni et manger les fruits entiers. Sur ce plan, les smoothies sont très intéressants car ils préservent mieux l'intégrité des végétaux, leurs fibres et leurs propriétés antioxydantes. Moins fragilisés, ils se conservent mieux, plus longtemps, au frais et à l'abri de la lumière (voir Faire des smoothies, ci-dessous). Pour profiter au maximum des bienfaits des jus, il est recommandé de les consommer dans les 20 min qui suivent leur extraction. (Voir photo p. 25)

Il n'y a pas de technique particulière pour réaliser des jus, hormis le fait d'introduire les végétaux précoupés dans le conduit de l'extracteur afin d'en exprimer d'un côté le précieux jus, de l'autre la pulpe. Certains utilisent la pulpe rejetée par l'extracteur dans des préparations, ce que je ne préconise pas. Je préfère la donner aux vers de terre de mon lombricompost, qui me fournissent en échange un précieux liquide qui enrichit considérablement les plantations de mon jardin.

Faire des **smoothies**

L'intérêt des smoothies n'est pas de reproduire une recette à la lettre, mais de se laisser guider par les fruits, les feuilles et les légumes, au gré des saisons, de leur maturité et de votre inspiration... Parfaitement onctueux lorsqu'ils sont implacablement mixés dans un blender puissant, ils ne sont jamais tout à fait les mêmes et n'obéissent qu'à vos désirs. Ils se doivent d'être un enchantement chaque jour renouvelé. C'est le coin d'herbes folles que l'on laisse dans un jardin, la part des anges dans le tonneau de vin, la page blanche dans ce livre, l'intervalle de silence pour écouter les fruits, les feuilles, les racines... pousser la porte de votre créativité c®ulinaire qui ne demande qu'un espace de liberté pour se déployer.

Ils sont intéressants pour favoriser la consommation des légumes à travers celle des fruits, notamment chez les enfants – surtout lorsque ces derniers peuvent les faire eux-mêmes en rentrant de l'école. Les fruits, sucrés et sexy, entraînent les légumes plus rébarbatifs pour former ensemble un smoothie... délicieux.

Avec une base de banane, de mangue ou même d'avocat pour apporter de l'onctuosité, toutes les combinaisons sont possibles pourvu qu'elles contiennent des feuilles vertes.

Éloge de l'herbe d'orge

Quand la lumière l'insémine et que l'eau l'abreuve, la terre porte au monde la croissance des graines en jeunes pousses. Concentré de lumière et de vitalité, les jeunes pousses d'orge sont la pure énergie adolescente des plantes… Explosive ! Si leur intérêt gustatif est plus que limité, leur apport en énergie de vie est prodigieux. L'amertume qui les caractérise et l'urgence de boire leur jus dans les 20 min qui suivent leur extraction ne leur permettent pas d'entrer dans des compositions gastronomiques. L'instant Cru leur accorde un intérêt exceptionnel parce qu'elles sont, ainsi que l'herbe de blé, une expression de vie extraordinaire.

Réaliser des glaces

Comment fabriquer des « glaces » crémeuses, sans crème, sans œufs, sans lait, ni sorbetière... avec des fruits congelés ou surgelés ? Un extracteur de jus, muni de l'embout conique spécial purées, est indispensable. Ainsi, les bananes surgelées sont transformées en serpentins de crème glacée super-onctueuse.

Des coulis de fruits, frais ou surgelés, tels que le *Coulis de fruits rouges* (p. 135), réalisés avec un blender puissant, sont de délicieux compagnons de ces glaces incroyables. De même qu'une *Ganache pur cacao* (p. 158) allongée d'un peu d'eau pour être transformée en sauce au chocolat fondante.

Une glace 100 % fruits est par définition un abus de langage puisque le terme « glace » désigne une préparation glacée à base de lait, si ce n'est de crème et de jaune d'œuf. Alors que le sorbet est censé n'être composé que de sirop, ou de fruits, et d'eau. Or, la crème glacée proposée par L'instant Cru est crémeuse et composée uniquement de fruits. Encore une terminologie à renouveler...

Déshydrater des préparations crues

Réduite en purée plus ou moins lisse, la préparation destinée à durcir s'étale facilement sur une feuille Téflex posée sur une plaque. Il suffit de glisser la feuille dans le déshydrateur pour que la préparation s'expose à sa douce chaleur pendant 8 h. Il est justifié, la première heure – et la première heure seulement –, d'augmenter la température à 50 ou même 55 °C pour garantir une pénétration de la chaleur au cœur de la préparation, surtout si elle est très liquide, car sa teneur en humidité la maintient à une chaleur plus basse que celle de l'air propulsé par le déshydrateur. Après 8 h, la pâte obtenue n'est pas encore croustillante : elle est déjà débarrassée d'une partie de son humidité mais encore molle. Il est alors temps de la retourner pour lui permettre de se déshydrater sur l'autre face. La plaque peut rester dans le déshydrateur jusqu'à 24 h selon que la préparation est liquide ou épaisse, et selon la texture désirée, c'est-à-dire de consistante à croustillante.

Exemples : les *Croustillants de sésame à la ricotta de macadamia* (p. 78), les *Tuiles de sésame noir* (p. 166), les *Chips de kale au curry* (p. 124), les *Crackers aux arômes de pain d'épices* (p. 52).

Déshydratation des* Croustillants de sésame blond au miel *(p. 143).

Après retournement, la feuille Téflex se décolle, les croustillants se découpent, s'enroulent autour d'un cylindre...

Faire des fromages de graines et de noix express

Pour faire un « fromage » frais en quelques minutes, il suffit de mixer des graines oléagineuses (tournesol, sésame, etc.) et/ou des noix (de macadamia, de pécan, de Grenoble, de cajou), amandes, etc. avec de l'eau, du sel, un filet de citron et éventuellement un peu de levure maltée. Le mixage se fait dans un blender puissant. À défaut, il faudra faire tremper les graines et les noix 1 à 2 h pour bien les ramollir avant de les mixer. Ce fromage totalement végétal et vivant est prêt à être dégusté sur-le-champ. Il peut aussi fermenter naturellement en restant quelques jours au réfrigérateur et acquérir un goût fromager de plus en plus prononcé ainsi qu'une consistance plus ferme. Il développera une légère acidité comme certains fromages de lait animal.

La fermentation d'un fromage végétal avec des probiotiques ou du rejuvelac (lesquels accélèrent le processus) est décrite ci-dessous.

Faire fermenter des fromages et des yaourts de graines et de noix

Pour provoquer une véritable fermentation des fromages végétaux, il faut ajouter au mélange graines et/ou noix et eau de la poudre de probiotiques (en magasins bio).

2 tasses (480 ml) de noix + 3/4 de tasse (180 ml) d'eau + 1/2 cuil. à café de probiotiques.

Il suffit ensuite de laisser fermenter le mélange de 24 à 48 h, de préférence dans un sac à lait (ou une mousseline finement tissée), au-dessus d'un récipient pour que le petit-lait s'égoutte (si vous n'avez jamais fait de fromage végétal, goûtez le petit-lait : vous serez sans doute surpris de constater qu'il ressemble à s'y méprendre au petit-lait de fromage animal). Pour activer la fermentation des fromages (et des yaourts, qui suivent le même procédé) en saison froide, le déshydrateur est idéal. Il garde les préparations à une température constante et favorable de 30 °C.

À la place de la poudre de probiotiques, le miso – qui est aussi un aliment lacto-fermenté – ou le rejuvelac (voir p. 20) peuvent provoquer la fermentation de vos préparations. Une fois que le fromage est « activé », vous pouvez le mixer avec du sel, de la levure maltée, du jus de citron et y ajouter des épices et des fines herbes au gré de votre inspiration (voir *Fromage fermenté de base*, p. 118).

Attendrir des légumes

... sans les cuire et préserver ainsi toute la richesse de leurs parfums. Nous pouvons déguster des légumes toute l'année, sans pour autant ne manger que des salades : L'instant Cru le prouve au fil de ses recettes.

Pour attendrir les légumes, il suffit de les masser généreusement avec du sel fin. Le sel ne les cuit pas : il permet aux cellules des légumes de s'ouvrir et de libérer l'eau qu'elles contiennent. On peut laisser le sel agir doucement et presser délicatement les légumes avec un linge propre ou accélérer le processus en les massant plus activement avant de les essorer. Ainsi les légumes fondent sous la langue après avoir été attendris. Les épinards salés et débarrassés de leur eau deviennent irrésistiblement fondants tout en restant verts et tendres ; les tagliatelles de courgettes restent *al dente*, tout en s'enroulant docilement autour d'une fourchette. L'effilochée d'endive réduit de volume et prend l'aspect d'une « compotée », un peu croquante et moelleuse à la fois... Un protocole qui épargne nos végétaux des affres de la cuisson pour les rendre savoureux et tendres en bouche sans les départir de leur vitalité ni de leur caractère. Un régal !

Détailler les légumes en **spaghettis, lasagnes, tagliatelles et raviolis**

L'outil indispensable est la mandoline. Facile à utiliser et à laver, je l'emploie pour réaliser pratiquement toutes les découpes. La mandoline à lame droite débite des bandes idéales pour réaliser des lasagnes ou même des cannellonis, ainsi que des rondelles pour préparer des raviolis. Avec la lame dentelée, je râpe des juliennes et des spaghettis en un clin d'œil. J'enfile systématiquement un gant de protection pour travailler rapidement et sans risque.

Les lasagnes de courgette se détaillent à la mandoline. Après déshydratation, elles tapissent le plat.

En version cannellonis, les bandes de courgette s'enroulent délicatement autour de la farce.

Les courgettes se détaillent en spaghettis à travers une mandoline à lame dentelée, ou en tagliatelles à l'aide d'un économe ou d'un couteau classique.

Faire des **riz et des semoules** de légumes

Il suffit de mettre des cubes de légumes, éventuellement quelques graines oléagineuses et un peu de sel, dans la cuve d'un robot équipée d'une lame en S. Quelques brèves pulsions pour broyer et aérer le mélange... et le tour est joué !

Ce procédé permet de réaliser des « semoules » incroyablement riches en parfums car les légumes se « donnent » beaucoup plus généreusement lorsqu'ils sont si finement détaillés, et des « risottos » de légumes aux saveurs absolument incomparables. Je vous invite, au fil de mes recettes, à les redécouvrir et à les aimer... tout CRUS !

BIEN S'ÉQUIPER
POUR CUISINER CRU

Du bon **matériel**

- Un blender puissant pour obtenir des soupes, purées et préparations lisses et soyeuses (type Vitamix).
- Un robot équipé d'une lame en S ou un mixeur (type Kitchenaid Artisan).
- Un mini blender ou un moulin à céréales ou à café pour réduire en poudre les épices, le thé, les graines de céréales germées, de lin, de chia, etc. (Personal Blender Tribest).
- Un extracteur de jus à rotation lente pour les jus mais aussi pour les « crèmes » glacées.
- Un déshydrateur pour concentrer les parfums des ingrédients ou de certaines préparations, ou les conserver, ou obtenir sans cuisson, en deçà de 42 °C, des crackers ou des gâteaux croustillants (Sedona combo Tribest). À défaut, on peut utiliser un four réglable à moins de 50 °C, porte entrouverte.
- Une bouilloire à température réglable pour le thé.

De bons **ustensiles**

- D'excellents couteaux.
- Une mandoline à lame droite et à lame dentelée. Pratique et lavable rapidement, je la préfère à tout autre instrument pour détailler les légumes en julienne, en tranches, en lanières, en spaghettis.
- Un gant de protection pour les découpes.
- Des bocaux de germination.
- Des spatules ou maryses.
- Des sacs à lait, ou un chinois, ou des mousselines tissées fin.
- Des moules à charnière et des moules à fond amovible pour les gâteaux et les tartes (indispensable pour démouler aisément les préparations qui durcissent au froid).
- Une cuillère à peser pour le thé.
- Des tasses et des cuillères à soupe ou à café anglo-saxonnes pour doser rapidement les ingrédients.

J'ai adopté les tasses anglo-saxonnes et je m'en réjouis : peser précisément les ingrédients interrompt le mouvement, la fluidité du geste, alors que la manipulation ludique et sensuelle des tasses et des cuillères à mesurer s'inscrit naturellement dans la réalisation de la recette, comme dans une danse... Pour ceux qui préfèrent mesurer avec précision... pas de problème : les équivalences sont données en grammes ou en millilitres dans chaque recette de cet ouvrage.

Tasse anglo-saxonne (*cup*)	**Équivalence en ml**
1/4 de tasse	60
1/3 de tasse	80
1/2 tasse	120
2/3 de tasse	160
3/4 de tasse	180
1 tasse	**240**
1 tasse 1/2	360
2 tasses	480
2 tasses 1/2	600
3 tasses	720
Autres mesures	**Équivalence en ml**
1 cuil. à café (*teaspoon*)	5 ml
1 cuil. à soupe (*tablespoon*)	15 ml

Le matériel et les ustensiles pour c®usiner sont réunis pour vous et disponibles sur mon site internet linstantcru.com (voir p. 173).

LES PRINCIPES DE L'INSTANT CRU

Dans L'instant Cru…

– les panais, le chou-rave, les carottes… remplacent le riz dans des risottos crémeux ;
– les courgettes en lasagnes, en spaghettis, en tagliatelles et même en raviolis prennent le relais des sempiternelles pâtes de blé dur ;
– les produits laitiers sont oubliés derrière la délicatesse des laits d'amande, des fromages de macadamia, des crèmes de cajou onctueuses, des yaourts de lait de coco tout prêts à vous séduire ;
– les beurres de L'instant Cru se fondent et se font de noix et de graines ainsi que de coco, provoquant la rencontre de saveurs aussi inhabituelles qu'envoûtantes ;
– les céréales et les féculents s'éclipsent devant la richesse des graines germées et des graines de chanvre, de lin, de chia et tant d'autres dont la richesse nutritionnelle inexplorée en cuisine traditionnelle est impatiente de se laisser connaître ;
– les farines de céréales riches en gluten se démodent devant les farines d'amande, de noix de macadamia ou de cajou, la poudre de graines de sarrasin germées ;
– les graines de psyllium, de chia, les algues gélifiantes, la chair de jeunes noix de coco séchée – entre autres – remplacent avantageusement les œufs et leur pouvoir texturant ;
– le sucre blanc, de si mauvaise réputation, s'efface platement devant les sucres de faible indice glycémique parmi lesquels le sucre de fleur de coco, le sirop d'agave cru, le sirop de pomme cru et l'érithrytol, riche en prébiotiques et dont l'indice glycémique est nul ;
– le ca*raw*mel n'a plus besoin de sucre cuit ni de beurre – si ce n'est de coco ou d'amande – mais toujours de vanille et d'une pointe de sel de mer… ;
– le cacao échappe à la torréfaction et, cru, se révèle enfin dans sa toute-puissance anti-oxydante et… détoxifiante !

L'instant Cru, ce sont des produits bruts, intègres, végétaux, inviolés par les lois de l'industrialisation, des produits de pure qualité crue encore rares qui nous parviennent par des réseaux de passionnés qui se battent pour défendre des valeurs en voie de… réapparition !

Une cuisine vivante

La gastronomie crue se pratique avec gourmandise et les sens aiguisés à chaque étape importante de sa préparation, de même que se goûtent les ingrédients qui participent activement à sa réalisation. Dans la mesure où la cuisson n'intervient pas pour égaliser ou parfois même écraser les saveurs, il est crucial de tester l'acidité des fruits, des légumes, leur caractère, leur force, leur amertume, leur teneur en sucre, etc. La cuisine vivante travaille avec des éléments vivants, biologiques, mûrs à point et qui ont leur mot à dire dans nos recettes. Écoutons-les avant de travailler avec eux… Ce sont comme des présentations indispensables à une bonne collaboration. Il ne s'agit pas de considérer chaque carotte avec respect et de dire à voix haute : « Bonjour, vénérable carotte, je suis très honorée de faire ma purée avec toi aujourd'hui… » Non. Encore que… Mais la humer ou la goûter pour faire sa connaissance avant de la travailler… Oui ! Cela est nécessaire dans L'instant Cru.

Tous les fruits et légumes, sauf…

Tous les légumes et les fruits de saison frais se consomment en cuisine crue, excepté la pomme de terre, qui contient de la solanine, de même que les tomates vertes, c'est-à-dire non mûres, et les aubergines si elles sont consommées en grande quantité. Les haricots verts crus sont à éviter à cause de leur teneur en phasine (lectine toxique), ainsi que certains champignons et la rhubarbe (acide oxalique) qu'il est prudent de ne pas manger crus.

Les légumes racines

« Peuple par la paume, et prince par les doigts », dit André Suarès de Jean Galmot dans *Le Voyage du condottière*. Les légumes racines ont ma faveur. Ils réunissent les qualités paradoxales et exquises de force et de délicatesse, de rusticité et d'élégance… Ils accordent des risottos raffinés et puissants comme des semoules légères. Leurs notes de terre nous enracinent autant que leurs parfums subtils nous font tendre vers le ciel. Trait d'union entre le ciel et la terre, ils sont une mine d'inspiration en gastronomie crue…

De gauche à droite en partant du haut : sucre de fleur de coco cru, sirop d'érable séché, pain d'abeille, rapadura, érythritol, dattes séchées, poudre de lucuma (fruit péruvien riche en glucides), pâte de dattes, poudre de feuilles de stévia, sirop de pomme cru, miel de tilleul, sirop d'érable (non cru), miel crémeux de lavande, extrait liquide de stévia, sirop d'agave bleue cru.

Les amandes

Graines chéries des gastronomes de L'instant Cru, elles sont à elles seules le lait, la crème, le beurre et le fromage de la c®usine. Comme de nombreuses graines oléagineuses, elles sont polyvalentes. Elles se déshydratent pour croustiller et procurer un croquant raffiné aux préparations salées ou sucrées auxquelles elles sont incorporées. Elles sont tendres, puissantes, douces, amères... et surtout généreuses. Trempées une nuit dans de l'eau pure, elles sont comme fraîches. Elles fermentent facilement pour se transformer en fromages, en yaourts, en crèmes délicates. Associées au beurre de noix de coco, elles participent à la réussite de nombreuses crèmes.

Les algues

Trésors de la mer parés de toutes les couleurs de l'arc-en-ciel, du rouge rubis au jaune d'or en passant par l'orange incandescent pour dériver jusqu'aux verts vifs, parfois fluo, tendres ou sombres, bleu-vert et bleu intense et virer au mauve profond du fin fond des mers et des temps. Leur saveur iodée et saline au fin goût d'huître et parfois de crabe laisse percer des effluves sulfureux communs au chou, ou légèrement acides d'oseille, des parfums de fleurs blanches, de violette, de caramel, de noisette et de réglisse, des notes boisées proches de celles des champignons, des accents fumés. Fraîches, séchées ou conservées dans du sel, elles sont incontournables dans L'instant Cru.

La noix de coco

La noix de coco est généreuse et nourrissante, maternelle et infiniment douce sous sa coque dure et imputrescible. Son lait sent la vanille ; sa pulpe légère lorsqu'elle est jeune devient riche et puissante en mûrissant ; son huile et son beurre sont envoûtants avec des parfums chauds et sensuels ; son eau fruitée, salée et sucrée à la fois (et proche du plasma sanguin) est rafraîchissante et bienfaisante. Avec elle, rien ne se perd et tout se crée : des maisons, des vêtements, des objets, des outils... Même ses fleurs donnent un sucre irrésistible aux accents salés de caramels au beurre. Fruit sacré dans de nombreux pays, la noix de coco est bénie des *raw chefs* pour sa richesse et sa texture crémeuse.

Le cacao

Theobroma, « nourriture des dieux », ou doux poison chéri des hommes... Il est fort, puissant, réconfortant et sublime. Les procédés traditionnels le torréfient pour lui extorquer de force la délicatesse de ses parfums. Dans L'instant Cru, nous l'utilisons tel quel, dans son intégrité farouche et inviolée de toute cuisson, à partir de cabosses récoltées à la main et transformées avec soin, sans qu'aucun additif chimique ni conservateur n'entre en jeu. Seul un séchage des fèves respectueux, à une température en deçà de 42 °C, garantit une « qualité crue » et un arôme authentique dont la force et la pureté « sautent » aux papilles ! Rare et encore confidentiel, le cacao cru est pour la plupart une expérience inédite. L'instant Cru se réjouit de fêter son avènement avec des recettes dignes de la noblesse de ses meilleurs crus... enfin crues ! (Voir *Ganaches*, p. 130 et 158.)

***Les oléagineux** (photo ci-contre), de gauche à droite en partant du haut : noisettes, graines de courge séchées, pignons de pin, noix de Grenoble, noix du Brésil, graines de tournesol, noix de cajou décortiquées, noisettes décortiquées, noix de pécan décortiquées, amandes, amandes décortiquées, arachides (cacahuètes), noix de pécan, noix de macadamia, noix de Grenoble décortiquées, cacahuètes décortiquées, pistaches, pistaches décortiquées, noix de macadamia décortiquées, noix de souchet, noix de kénari décortiquées, graines de lin, graines de chia, graines de chanvre, graines de sésame blond, graines de chanvre décortiquées, graines de sésame noir.*

***Les algues** (p. 36), de gauche à droite en partant du haut : haricots de mer, dulce fraîche, wakame fraîche, laitue de mer fraîche,* irish moss *rouge réhydratée,* irish moss *blonde, nouilles de kelp, laitue de mer séchée, algues ramallo, poudre de kelp, spaghettis de mer séchés, kombu royal séché,* irish moss *rouge séchée, wakamé séchée, dulce séchée, spiruline en poudre et en comprimés, spaghettis de mer séchés en nid.*

***La noix de coco** (p. 37), de gauche à droite en partant du haut : jeunes cocos thaïs fermée et ouverte, coco mature, eau de jeune coco thaï, lamelles de coco mature séchées, huile de coco solidifiée, copeaux de jeune coco thaï séchés, beurre de coco, huile de coco liquéfiée, copeaux de coco mature séchés, farine de coco, noix de coco râpée, sucre de fleur de coco, nectar de fleur de coco.*

***Le cacao**, de gauche à droite en partant du haut : cabosses de cacao entière et coupée en deux, grappe de fèves séchées, fèves séchées, fèves fraîches, beurre de cacao en bloc, fèves séchées avec peaux, beurre de cacao en copeaux, fèves de cacao fermentées, pâte de cacao cru, poudre de cacao cru, éclat de fèves de cacao.*

L'amande, de gauche à droite en partant du haut : lait-crème d'amande, lait d'amande, beurre (ou purée) d'amande blanche, beurre ou purée d'amande complète, amandes réhydratées, poudre (ou farine) d'amande blanche, poudre (ou farine) d'amande complète, amandes séchées, pulpe d'amande déshydratée, poudre (ou farine) de pulpe d'amande déshydratée, amandes dans leurs coques, pulpe d'amande fraîche.

L'INSTANT… **D'AVANT**

L'instant… thé

L'une des toutes premières personnes à qui j'ai fait goûter ma « c®usine », il y a trois ans, fut Carine Baudry, mon professeur à L'École de thé du Palais des thés, dont elle a élaboré la dialectique des notes de dégustation. Travailler sous son expertise les accords des recettes de L'instant Cru avec des thés de grand cru est un pur bonheur. Ce sont des temps suspendus mêlant concentration, inspiration et… révélations sensorielles. Tous les thés proposés dans cet ouvrage sont choisis par elle parmi ceux du Palais des thés et disponibles sur le site linstantcru.com (voir Adresses p. 173).

L'instant… vin

Dans le cadre des accords mets et vins, nombreux furent les professionnels de la restauration et du vin à se montrer sceptiques quant à la possibilité d'associer des mets crus avec du vin. Thibault Lafarie et son équipe, de Meilleurs vins bio, ont su relever ce défi avec enthousiasme et passion. Ils ont brillamment prouvé qu'il était aisé de marier des vins biologiques, élaborés en proximité avec leur terroir, avec la gastronomie surprenante de L'instant Cru.

Temps de préparation

Les recettes incluant des sous-recettes cumulent souvent les temps de préparation.

Mise en place

Après avoir lu la recette entièrement et attentivement, la liste des ingrédients, des ustensiles, les temps et les instructions de préparation, la mise en place dans un récipient individuel de la quantité requise de chaque ingrédient invité dans la recette est indispensable.

La cuisine crue s'élabore à partir d'éléments vivants et intègres. Elle « se goûte » avec gourmandise et les sens aiguisés à chaque étape importante de la réalisation.

Conservation

Sauf précision contraire, toutes les préparations se conservent 1 semaine au réfrigérateur et 3 mois au congélateur, dans un récipient hermétique.

L’INSTANT…
SALÉ

PETITS **PAINS**

Des petits pains croustillants, incroyables… mais crus !

Préparation : 10 min

Déshydratation : 12 à 24 h
selon la croustillance désirée

Pour 10 petits pains

- 2 tasses (280 g) de pulpe d'amande (voir p. 13)
- 1/3 de tasse (70 g) de gelée d'*irish moss* (p. 22)
- 2 cuil. à soupe de jus de citron
- 1 cuil. à café de sel
- 2 cuil. à soupe d'huile à choisir en fonction de la saveur (voir plus bas)
- 1 cuil. à soupe + 1 cuil. à café de sirop d'érable
- 1/4 de tasse (30 g) de graines d'avoine ou de sarrasin (germées ou non) fraîchement moulues
- 2 cuil. à soupe de graines de lin doré fraîchement moulues
- 1 cuil. à soupe de psyllium fraîchement moulu
- Herbes séchées et/ou fruits séchés pour parfumer le pain (facultatif)

La pulpe d'amande se précipite dans la cuve d'un robot muni d'une lame en S, immédiatement suivie par l'*irish moss*, le jus de citron, le sel, l'huile et 1 cuil. à soupe de sirop d'érable pour être unis tous ensemble en une pâte joyeuse.

Puis c'est la farine d'avoine ou de sarrasin qui rejoint le mélange dans la cuve pour s'incorporer à la pâte, suivie par la farine de lin et ensuite par la poudre de psyllium. Les pulsations contrôlées du robot prendront soin d'unir les ingrédients en une pâte homogène.

Cette pâte accueillera des herbes séchées, des oignons séchés, ou des noix et des raisins, à moins qu'elle ne préfère des noisettes et des pépites de chocolat, avant de se rouler en boule ou de se plier docilement à toute autre forme de votre choix... à condition qu'elle ne soit pas épaisse de plus de 3 ou 4 cm.

Les pâtons ainsi formés se reposeront à la douce chaleur du déshydrateur 8 à 20 h selon leur épaisseur et la consistance (moelleuse ou craquante) désirée. À mi-parcours, 1 cuil. à café de sirop d'érable viendra s'étaler sur les pâtons pour imiter la couleur dorée d'une croûte cuite.

L'INSTANT... **VARIATION**

– L'huile d'olive sera utilisée pour du pain parfumé à l'origan ou au romarin.

– L'huile de noix sera choisie pour du pain aux noix et aux raisins.

– L'huile de noisette sera préférée pour du pain aux noisettes et aux pépites de chocolat.

De gauche à droite, en partant du haut :
pains aux oignons, pains aux noix et aux raisins, fonds de tartelettes,
Fond de tarte pour pizza *(p. 120), biscottis aux raisins et aux pépites de chocolat, demi-pains longs,* Crackers aux arômes de pain d'épices *(p. 52), croûtons, mini tartelettes, « biscru » au cumin.*

PESTO D'HIVER

Alors que le basilic en feuilles se fait rare, les jeunes pousses d'épinards viennent soutenir l'huile essentielle de basilic pour nous offrir un bouquet d'arômes de printemps en plein hiver.

Préparation : 5 min

Pour 1 tasse (240 ml)

- 3 tasses (125 g) de jeunes pousses d'épinard bien tassées
- 1/4 de tasse (60 ml) d'huile d'olive
- 1 ou 2 gouttes d'huile essentielle de basilic mêlée à l'huile d'olive
- Quelques gouttes à 1/2 cuil. à soupe de jus de citron selon son acidité
- 1/4 de tasse (30 g) de pignons de pin ou de noix de pécan ou de noix de Grenoble
- 1/2 gousse d'ail pelée (facultatif)
- 1/2 cuil. à soupe de levure maltée
- 1/4 de cuil. à café de sel
- Éclats de Raw*mesan* (p. 121)

Tous les ingrédients se rendent docilement dans la cuve d'un blender pour être transformés en sauce à la texture juste croquante comme il faut. Certains pignons de pin se plaisent à résister au broyage et ajoutent ainsi une note plaisante à l'œil et à la dent.

L'INSTANT... **VARIATION**

Pesto classique : même recette avec du basilic frais qui remplace bien entendu les épinards dans les mêmes proportions, sans ajout d'huile essentielle.

Pesto de menthe : la menthe se substitue aux épinards et à l'huile essentielle de basilic.

Avec un thé...

Tamaryokucha Premium, thé vert du Japon du Palais des thés, récolte primeur : le thé devient très vert, doux, beurré, floral, laissant en retrait son pôle marin. L'accord est parfait, tant en note qu'en texture. Les notes du thé et du pesto se fondent et s'entrelacent. Le thé prolonge et renforce les parfums du basilic.

ÉLOGE DU **BASILIC**

Le basilic est une armoire à épices à lui seul tant il est composé de notes variées allant de la menthe à l'anis, en passant par l'estragon, le clou de girofle, la cannelle et la réglisse. Sa fraîcheur réveille tous les légumes auxquels il s'associe, sans oublier les fruits : les fraises, les mangues et la noix de coco sont folles de lui. L'instant Cru est plus qu'un prétexte pour de telles rencontres...

Quand les épinards se plaisent à pousser en abondance et que le basilic disparaît pour mieux renaître, ce pesto, véritable explosion d'arômes printaniers en plein hiver, est très joyeux à déguster tout simplement avec des spaghettis de courgettes ou d'autres légumes, des risottos ou des semoules de légumes. Le vert des épinards sert allègrement de tremplin aux notes de basilic qui les verdissent encore plus pour les faire littéralement pétiller en bouche.

AMANDES ÉPICÉES OU AUTRES GRAINES…

Des amandes délicatement épicées, laquées sans être grillées ! À grignoter ou à parsemer sur vos salades…

Préparation : 15 min

Marinade : 8 h ou 1 nuit

Déshydratation : 12 à 30 h

Pour 2 tasses

- 2 tasses (300 g) d'amandes ou de graines de tournesol ou de toute autre graine oléagineuse
- 2 tasses (500 ml) de *Sauce teriyaki* (voir plus bas) allégée de 1/2 tasse d'huile de sésame

Les amandes se baignent durant 8 h dans la sauce teriyaki avant de se laisser sécher paresseusement à la douce chaleur du déshydrateur durant 12 à 30 h.

Le surplus de sauce pourra se couler sur les amandes et épaissir à la chaleur en formant une « croûte » autour des amandes. Ces dernières apprécient que l'on surveille leur déshydratation pour se rouler dans la sauce au fur et à mesure qu'elle devient collante.

SAUCE **TERIYAKI**

En japonais, *teri* signifie « laqué », et *yaki*, « grillé ». Une sauce qui ne grille pas les légumes mais les fait briller doublement… par son absence de cuisson et par le caractère étonnamment laqué de sa texture.

Préparation : 10 min

Déshydratation : 2 à 8 h

Pour 2 bonnes tasses (500 ml)

- 1 tasse (240 ml) de tamari
- 1 tasse (240 ml) d'huile de sésame
- 1/4 de tasse (60 ml) de sirop d'érable
- 1/4 à 1/3 de tasse (60 à 80 ml) de jus de citron selon son acidité
- 1 cuil. à soupe de gingembre râpé
- 1 cuil. à café d'huile de sésame grillé
- 1 cuil. à café de poivre
- 1 cuil. à soupe d'ail écrasé (facultatif)

Tous les ingrédients se retrouvent dans la cuve d'un blender puissant pour s'homogénéiser en une sauce qui épaissira à la douce chaleur du déshydrateur en 2 à 8 h.

CONCASSÉE DE TOMATES À LA NAPOLITAINE

En concassée, en salsa ou en sauce… la fraîcheur et la vivacité intacte des légumes crus et des herbes de Provence se déploient si joyeusement qu'on a la sensation de les goûter pour la première fois…

Trempage (tomates séchées) : 10 min

Préparation : 15 min

Pour 2-3 personnes, soit 1 tasse 1/2

- 1 tasse (150 g) de tomates coupées en dés, épépinées
- 1/4 tasse (10 g) de tomates séchées au soleil et réhydratées dans de l'eau
- 1 tasse (100 g) de poivron coupé en morceaux, éventuellement pelé
- 1/2 oignon rouge, ou 1 belle échalote, coupé en morceaux
- 2 cuil. à soupe d'huile d'olive
- 1 cuil. à soupe de sirop d'agave cru
- 1/4 de tasse (25 g) d'olives noires dénoyautées
- 2 cuil. à soupe de basilic frais ou 1 goutte d'huile essentielle ou 2 cuil. à café de basilic séché
- 1 cuil. à soupe d'origan frais ou 1 cuil. à café d'origan séché ou d'herbes de Provence
- 1 petite gousse d'ail hachée (facultatif)
- 1/2 cuil. à café de sel
- 1 pointe de poivre de Cayenne
- Quelques gouttes de jus de citron

Tous les ingrédients se réunissent joyeusement dans la cuve d'un robot muni d'une lame en S et se laissent broyer docilement jusqu'à la consistance désirée, c'est-à-dire en conservant des morceaux distincts – un peu comme une ratatouille, contrairement à la sauce et à la salsa (voir plus bas) qui sont plus ou moins finement moulinées.

La préparation préférera se reposer quelque temps sur une passoire pour s'égoutter un peu… si elle semble trop liquide.

L'INSTANT… **VARIATION**

Salsa napolitaine : c'est une mouture intermédiaire entre la concassée et la sauce. La salsa accompagne des légumes, un guacamole, et se tartine sur du pain… cru, en *Bruschetta* (p. 56).

Sauce napolitaine : la concassée est mixée assez finement afin de se couler en sauce pour accompagner d'autres légumes.

Salsa et sauce s'accordent parfaitement avec des tagliatelles ou des spaghettis de légumes, particulièrement de courgettes. Délicieuses aussi avec une effilochée de fenouil ou d'endives…

Avec un thé…

Delmas Bari du Palais des thés, récolte d'été : ce darjeeling réchauffe le plat tant en température qu'en saveur. Il rend la concassée plus ample, plus unie, plus ronde, plus gourmande. Le pôle vif fleuri caractéristique du thé résonne avec les notes camphrées du thym et de l'origan, se liant ainsi dès l'attaque et apportant l'élégance et la douceur de ses notes de fleurs blanches. Le feu d'artifice des herbes, des nuances camphrées et herbacées de l'origan explosent joyeusement en bouche.

Cette concassée toute fraîche explose en bouche d'arômes d'une vivacité inattendue tant les légumes et les herbes frais et crus ne développent pas l'acidité renforcée habituellement par la cuisson. La tomate séchée et l'olive noire apportent le socle, le fond, la profondeur, donnant des nuances fruitées presque « ca*raw*mélisées », un peu animales, qui permettent de contrebalancer la fraîcheur, l'acidité de la tomate et des herbes déjà arrondies par le sirop d'agave. C'est un déploiement de parfums qui s'accorde avec de nombreux légumes... et fruits !

CRACKERS
AUX ARÔMES DE PAIN D'ÉPICES

Les arômes subtils des figues soutenus par la saveur boisée des noix de pécan, avec un délicieux parfum de pain d'épices rehaussé d'une note de coriandre en graines… tout en croustillance !

Préparation : 10 min

Déshydratation : 12 à 36 h selon l'épaisseur

Pour 40 crackers fins ou 20 crackers épais

- 1 tasse (100 g) de figues séchées dont le pédoncule a été ôté
- 1 tasse 1/2 (350 ml) d'eau
- 2 tasses (230 g) de noix de pécan
- 1 tasse (130 g) de graines de sarrasin moulues ou 1 tasse 1/2 (130 g) de graines de sarrasin germées déshydratées ou 2 tasses (200 g) de graines germées fraîches
- 1/2 cuil. à café de graines de coriandre moulues
- 1/4 de cuil. à café de poudre d'épices « pour pain d'épices »
- 1/2 cuil. à café de sel

Les figues se jettent les premières dans la cuve d'un robot muni d'une lame en S, accompagnées de 1/2 tasse d'eau, et se laissent broyer jusqu'à devenir purée. Le reste de l'eau vient retrouver le mélange avec tous les autres ingrédients pour quelques tours de robot…

Le mélange obtenu s'étale sur une feuille Téflex en couche plus ou moins fine. Après 8 h passée à la douce chaleur du déshydrateur, la pâte se retourne sur la grille et se laisse découper selon la forme choisie pour les crackers (voir p. 27) avant de retourner dans le déshydrateur encore 20 h, ou plus, selon la croustillance désirée. (Voir photo p. 11.)

L'INSTANT… **TECHNIQUE**

– Les proportions de sel et d'épices sont précises et fiables. Les augmenter en goûtant la préparation avant qu'elle n'ait été déshydratée serait présomptueux. La déshydratation intensifie significativement les saveurs et les arômes.

– Si vous décidez de faire germer les graines de sarrasin, il suffit de les faire tremper 4 h dans l'eau avant de les laisser germer 1 à 2 jours, le temps de voir apparaître un germe de moins de 1 mm. Les graines ainsi germées sont utilisables immédiatement ou se gardent dans des bocaux hermétiques après avoir été déshydratées 12 h.

SAUCE BBQ AU **THÉ DU TIGRE**

Une véritable sauce BBQ toute crue qui s'appuie sur les notes fumées du thé du tigre pour renouveler une recette traditionnelle et en retrouver la vivacité des parfums dans leur intégrité originelle.

Préparation : 10 min

Pour 1 tasse 1/2 (360 ml)

- 1/4 de tasse (50 g) de pâte de tamarin
- 1/2 tasse (120 ml) de tamari
- 1/2 tasse (20 g) de tomates séchées, réhydratées dans 1 tasse (240 ml) d'eau
- 1/4 de tasse (60 ml) d'huile d'olive
- 1/4 de tasse (60 ml) de sirop d'érable ou de sirop d'agave cru
- 3 cuil. à soupe de thé du tigre moulu
- 2 cuil. à soupe de miso
- 2 cuil. à café d'huile de sésame grillé
- 2 à 3 cuil. à soupe de gingembre râpé
- 1 gousse d'ail écrasée
- 1/2 cuil. à café de poivre noir fraîchement moulu
- 1 morceau de piment finement haché ou du poivre de Cayenne

Tous les ingrédients se jettent en rugissant dans la cuve d'un blender puissant afin d'être furieusement broyés en une sauce onctueuse et lisse.

La sauce se conserve jusqu'à 1 semaine dans une boîte hermétique au réfrigérateur et se congèle parfaitement dans des moules à glaçons.

Une vraie sauce BBQ, juste fumée comme il faut, typiquement américaine... Tout y est... à part la viande et les saucisses grillées ! Le caractère aigre-doux du tamarin est d'une grande délicatesse et tous les ingrédients contribuent à la complexité et à la richesse de cette sauce. Elle est extraordinaire avec des poivrons, une *Concassée de tomates à la napolitaine* (p. 50) et même avec des pâtes de courgettes.

BÉCHAMEL DE CAJOU
À LA MUSCADE ET AU POIVRE NOIR

Une crème onctueuse, chaleureuse par la muscade, profonde par le poivre, qui accompagne tous les légumes.

Préparation : 5 min

Pour 1 tasse (240 ml)

- 1 tasse (120 g) de noix de cajou
- 1/2 tasse (120 ml) d'eau, plus ou moins selon la consistance désirée
- 1 cuil. à café de levure maltée
- 1 pincée de noix muscade
- 1 pincée de sel
- Poivre noir

Tous les ingrédients se placent dans la cuve d'un blender puissant tout en recevant des ablutions d'eau progressives, pour atteindre la consistance crémeuse et épaisse d'une sauce réconfortante.

Cette crème riche rappelle sans conteste sa cousine, la béchamel au lait, mais la noix de cajou et ses notes légèrement sucrées et fromagères renouvelle cette crème incontournable en cuisine. La muscade et le poivre font de cette sauce de base toute simple une crème très élégante pour un repas raffiné. La texture grasse de la noix de cajou confère une longueur en bouche surprenante à tous les parfums auxquels elle est associée, si bien qu'elle semble les envelopper et les porter maternellement jusqu'à nos papilles pour qu'ils s'y déploient. Elle est exquise avec une pointe d'huile de truffe, blanche ou noire, du safran, des baies roses, de l'anis étoilé ou toute autre épice rare ou simple. Elle préserve le parfum des fines herbes telles que l'estragon, l'aneth, la coriandre...

MAYONNAISE DE **CAJOU**

Une mayonnaise toute végétale.

Préparation : 5 min

Pour 1 tasse (240 ml)

- 1/2 tasse (60 g) de noix de cajou ou de graines de tournesol (trempées 1 à 4 h) ou un mélange des deux
- 1/4 de tasse (60 ml) d'eau
- 1 cuil. à soupe de jus de citron
- 1/2 cuil. à café de poudre d'oignon ou 1 cuil. à soupe d'oignon frais écrasé (facultatif)
- 1 à 2 cuil. à café de sirop d'agave cru
- 2 cuil. à soupe d'huile d'olive
- 1 pointe d'ail écrasé (facultatif)
- Poivre blanc
- Sel

Tous les ingrédients se laissent joyeusement mixer dans un blender puissant !

L'INSTANT... **CONSEILS**

– 1/2 avocat peut se substituer aux noix et aux graines ou les compléter délicieusement.

– Toutes sortes d'herbes fraîches ou séchées se joindront avec bonheur à la mayonnaise, à moins que 1 goutte d'huile essentielle d'herbes ou d'épices ne s'invite...

CRÈME DE CAJOU **AUX BAIES ROSES**

Le parfum délicat des baies roses n'a d'égal que sa puissance lorsqu'il est soutenu par la somptueuse noix de cajou. Cette crème aux baies roses ne demande qu'à rencontrer une tombée d'épinards ou une effilochée d'endives.

Préparation : 10 min

Pour 1 tasse (240 ml)

- 1 tasse (120 g) de noix de cajou
- 1/3 de tasse (80 ml) d'eau
- 1 cuil. à soupe de sirop d'érable ou de sirop d'agave cru
- 1/4 de cuil. à café de baies roses
- Pas de sel si les légumes que la crème accompagne sont attendris avec du sel

Tous les ingrédients se jettent dans la cuve d'un blender puissant pour se laisser réduire en crème. 1 à 2 cuil. à soupe d'eau supplémentaires peuvent se mêler à la préparation pour faciliter le travail du blender. La crème obtenue est très onctueuse et lisse.

••• La noix de cajou est décidément merveilleuse pour porter les parfums les plus délicats comme les plus puissants. Les baies roses ne doivent pas être ajoutées en quantité importante. Elles déploient leurs arômes au contact de la crème. Il est préférable d'en parsemer des éclats légèrement à l'aide d'un moulin à épices tant pour leur belle couleur que pour être certain de ne pas en mettre trop...

BRUSCHETTA

La bruschetta toute crue croustille en bouche pour exhaler des parfums chauds du Sud et du soleil de l'été.

Préparation : 10 min

Pour 4-6 personnes

- 12 petits pains formés avec le *Fond de tarte pour pizza* (p. 120) ou les *Petits pains* (p. 44)
- 1 tasse (240 ml) de *Ricotta de macadamia express* (p. 60)
- 1 tasse (240 ml) de *Concassée de tomates à la napolitaine* (p. 50)
- 1/2 tasse (120 ml) de *Pesto d'hiver* (p. 46)

La ricotta de macadamia, la concassée de tomates et le pesto se déposent délicatement, à la dernière minute, sur les petits pains ouverts en deux dans le sens de la longueur. Les tartines sont prêtes à se laisser déguster immédiatement.

Avec un thé…

Delmas Bari du Palais des thés, récolte d'été : ce darjeeling accompagne les saveurs de la bruschetta. Il rend la tartine plus ample, plus unie, plus ronde, plus gourmande. Le pôle vif fleuri caractéristique du thé résonne avec les notes camphrées de la concassée de tomates, se liant ainsi dès l'attaque et apportant l'élégance et la douceur de ses notes de fleurs blanches.

ÉLOGE DES **TOMATES**

Fraîches, elles sont sublimes avec un filet d'excellente huile d'olive, elles explosent en bouche avec des herbes de Provence. Séchées au soleil, elles le concentrent au creux de leurs parfums pour l'hiver et pour réchauffer nos préparations crues. Elles épaississent en consistance et en goût beaucoup de crèmes et de sauces.

FOND DE TARTE SALÉ

Un fond de tarte de bonne composition qui durcit docilement au réfrigérateur ou se tient à disposition en se laissant engourdir dans un congélateur avant de s'enrichir d'une préparation crémeuse et devenir quiche, tarte ou flan…

Préparation : 10 min

Prise au froid : 30 min
ou 10 min au congélateur

Pour 6 personnes

- 2 tasses (225 g) de farine d'amande (voir p. 14)
- 1 tasse (130 g) de graines de sarrasin (germées ou non) fraîchement moulues (voir p. 18)
- 1/3 de tasse (65 g) d'huile de noix de coco liquéfiée
- 1 cuil. à soupe (15 ml) d'huile d'olive
- 1/2 cuil. à café de sel
- Poivre noir,
- Thym, romarin

Utile ustensile

- 1 moule à fond amovible (Ø 20 cm) ou 6 moules individuels

Tous les ingrédients peuvent se rejoindre dans la cuve d'un robot muni d'une lame en S ou se laisser tranquillement amalgamer à la main avant de tapisser des petits moules à tartelette ou un grand moule (voir p. 15).

Les moules se devront de séjourner 30 min au réfrigérateur pour que la pâte ait le temps de durcir avant d'être garnie. Par temps chaud, cette pâte appréciera d'être maintenue au réfrigérateur jusqu'au moment d'être servie.

L'INSTANT… **VARIATION**

Tarte crémeuse aux cèpes : 2 tasses (480 ml) de *Crème de cajou aux cèpes* (ci-contre) viennent tout simplement se couler sur le fond de tarte.

ÉLOGE DES **CHAMPIGNONS**

Après qu'on les a longtemps considérés comme des plantes primitives ou dégénérées, il apparaît que les champignons développent des réseaux qui n'ont rien à envier à Internet. Les recherches actuelles mettent en lumière leur aptitude à créer une forme d'intelligence collective extrêmement utile si ce n'est indispensable à la vie. Longtemps inclassés entre les règnes animal et végétal, les champignons portent en eux les parfums des deux mondes. L'instant Cru en capture l'essence dans toute sa richesse.

CRÈME DE CAJOU **AUX CÈPES**

La puissance des cèpes est sublimée par la noix de cajou… Les notes animales, exaltées par le poivre noir. Une superbe crème qui accompagne de nombreux légumes.

Préparation : 10 min

Trempage (cèpes) : 20 min à 1 h

Pour 2 à 3 tasses (480 à 720 ml)

- 1 tasse (30 g) de cèpes déshydratés
- 1 tasse 1/4 (300 ml) d'eau
- 1 tasse 1/2 (175 g) de noix de cajou
- 1 tasse (240 ml) d'eau de trempage des cèpes
- 1 cuil. à soupe de miso
- 1 pincée de poivre noir fraîchement moulu ou 1 goutte d'huile essentielle de poivre noir
- 1 pincée de sel (attention, le miso est déjà salé)

Utile ustensile

- 1 sac à lait tissé très serré ou un chinois

Les cèpes se précipitent dans l'eau pour s'y baigner au moins 20 min.

L'eau de trempage des cèpes passe à travers un sac à lait ou un chinois pour se débarrasser de ses impuretés tout en gardant la précieuse saveur des cèpes. Elle est ainsi prête à recevoir les noix de cajou, les imprégner quelques minutes, avant d'être mixée intimement dans un blender avec le miso, le sel et le poivre noir pour former une crème onctueuse.

Les cèpes réhydratés se laisseront à nouveau tremper dans une eau claire et soigneusement rincer afin d'être complètement débarrassés des petits éclats de terre qui s'incrustent parfois dans les champignons séchés. Ils sont alors prêts à rejoindre la crème en se posant délicatement à la surface.

••• La noix de cajou me surprend toujours par sa royale aptitude à servir tous les parfums avec une égale humeur. Cette crème fait penser à une reine serviable. Elle est paradoxale de simplicité, d'humilité à servir et de noblesse à régner. Elle trône avec grâce parmi les compositions les plus raffinées. Quant aux cèpes, déshydratés très lentement à la douce chaleur d'un déshydrateur, leur parfum est intensifié par rapport aux modes de cuisson et de déshydratation traditionnels à haute température… Les notes animales et végétales de sous-bois sont portées à une puissance inhabituelle. Les cèpes se marient avec la sauce pour être dégustés sur du pain cru, des crackers, ou avec toutes sortes de spaghettis, risottos, et une infinité de légumes…

RICOTTA DE MACADAMIA EXPRESS

Une ricotta toute végétale qui rappelle la ricotta de brebis par ses notes lactées et sa texture un peu granuleuse.

Trempage : 20 min à 12 h maxi (facultatif)

Préparation : 10 min

Pour 1 tasse 3/4 (420 ml)

- 2 tasses (250 g) de noix de macadamia
  de préférence trempées dans l'eau (facultatif avec un blender puissant)
- 1/2 à 3/4 de tasse d'eau (120 à 180 ml)
  si les noix de macadamia n'ont pas été trempées
- 1 cuil. à soupe de levure maltée
- 1 à 2 cuil. à café de jus de citron
  selon son acidité
- 1/2 cuil. à café de sel

Tous les ingrédients se rejoignent dans la cuve d'un robot muni d'une lame en S et se mélangent jusqu'à obtenir la consistance désirée, très lisse ou à peine granuleuse comme une ricotta.

L'INSTANT... **VARIATION**

Ricotta de macadamia aux herbes : des fines herbes fraîches ciselées et de l'oignon rouge haché, et même une pointe d'ail, se joindront à la préparation pour l'égayer de leurs saveurs infinies.

Cette ricotta est délicieuse tant elle rappelle par sa texture granuleuse et ses notes lactées la véritable ricotta de brebis. Je trouve la ricotta de macadamia émouvante de douceur. Quand elle reste au réfrigérateur quelques jours, elle prend un goût fromager de plus en plus prononcé, avec une légère fermentation et une douce acidité qui la rendent délicieuse.

LASAGNES **À LA NAPOLITAINE**

Ces lasagnes de courgettes sont facétieuses dans l'explosion de leurs parfums qui rivalisent d'intensité et de fraîcheur... Elles démodent insolemment leurs cousines à base de blé !

Préparation : 40 min

Pour 3-4 personnes

- 2 ou 3 courgettes selon la grosseur
- 2 tasses (500 ml) de *Ricotta de macadamia express* (p. 60)
- 1 tasse 1/2 (360 ml) de *Sauce napolitaine* (p. 50)
- 1 tasse (240 ml) de *Béchamel de cajou* (p. 54)
- 1 petite tasse (240 ml) de *Pesto d'hiver* (p. 46)
- Sel

Utile ustensile

- 1 plat à gratin ou 1 moule à charnière (environ 18 x 18 cm)

Les courgettes adorent se laisser détailler en bandes le plus large possible, dans la longueur, par une mandoline.

Elles aiment se laisser légèrement saler avant de dégorger et de s'assouplir ou s'étaler sur une feuille Téflex avant de se reposer sous la douce chaleur du déshydrateur pour perdre un peu d'eau ainsi que de leur croquant... tout en restant *al dente*.

Les bandes de courgettes se lovent les premières au fond d'un plat à gratin ou d'un moule, se laissent recouvrir successivement de couches de ricotta de macadamia, de sauce napolitaine, de pesto, tout en revenant s'intercaler entre les différentes préparations selon leur humeur. Et ainsi de suite jusqu'à épuisement... des ingrédients. C'est la béchamel de cajou qui a le dernier mot et vient clore la débauche de superpositions.

Avec un thé...

Delmas Bari du Palais des thés, récolte d'été : ce darjeeling réchauffe le plat tant en température qu'en saveur. Il le rend plus ample, plus uni, plus rond, plus gourmand. Le pôle vif fleuri caractéristique du thé résonne avec les notes camphrées de la sauce, se liant ainsi dès l'attaque et apportant l'élégance et la douceur de ses notes de fleurs blanches. Il s'accorde avec les parfums fruités, caramélisés, boisés, épicés, muscadés du plat et les renforce en mêlant en longueur ses nuances maltées, vanillées et des notes de fruits compotés. Le thé réchauffe aussi la béchamel, arrondit la muscade et le poivre noir, et de ses notes douces et fruitées lui donne des subtilités en la « typant » vraiment béchamel !

D'une simplicité enfantine, ces lasagnes bluffantes procurent des sensations inédites d'une fraîcheur dont l'habitude des sauces à la tomate cuites nous a fait perdre le goût : une révélation ! Les goûts intacts et vifs de tous les légumes et de toutes les herbes sont présents et s'expriment individuellement tout en coexistant avec harmonie.

PRUNEAUX AU **BACON D'AUBERGINE**

Une version crue du célèbre pruneau au bacon, avec des goûts incroyables de charcuterie sans la moindre trace de chair animale.

Préparation : 10 min

Déshydratation (bacon d'aubergine) : 12 h

Pour 30 pièces

- 30 pruneaux dénoyautés
- 30 lanières de *Bacon d'aubergine au thé du tigre* (p. 66) déshydratées seulement 12 h pour être encore souples

Utiles ustensiles

- 30 piques en bois

Les lanières d'aubergine s'enroulent autour des pruneaux avant d'être maintenues par 1 pique en bois.

Le reste de marinade des aubergines déjà réduite au déshydrateur peut prolonger sa réduction 10 h de plus selon la consistance désirée.

Les pruneaux peuvent être fourrés de 1 noix de réduction de marinade si elle est très épaisse... Sinon, la marinade sera servie à part pour permettre aux pruneaux de s'y tremper à leur guise.

MARINADE POUR **BACON D'AUBERGINE** AU THÉ DU TIGRE

Une sauce idéale pour faire mariner des légumes et leur donner l'arôme fumé de certaines charcuteries.

Préparation : 10 min

Pour 1 tasse (240 ml)

- 1/4 de tasse (60 ml) de tamari
- 1/4 de tasse (60 ml) d'huile d'olive
- 1/4 de tasse (60 ml) de sirop d'érable ou d'agave cru
- 1 cuil. à soupe (12 g) de thé du tigre finement moulu
- 1 cuil. à soupe de jus de citron
- 1 pointe de chili ou de piment de Cayenne

Tous les ingrédients se précipitent dans la cuve d'un blender rugissant afin d'être mixés en une sauce homogène.

Ce bacon d'aubergine est incroyable (... mais cru !) tant il rappelle le goût fumé des charcuteries. Enroulé autour d'un pruneau, il est délicieux, comme dans le traditionnel pruneau au bacon dont j'ai toujours adoré la saveur sucrée-salée.

BACON D'AUBERGINE AU **THÉ DU TIGRE**

Des tranches d'aubergine fumées au thé du tigre pour nous rappeler le délice décadent des charcuteries fines… tout en finesse et sans sacrifice.

Préparation : 10 min

Marinade : 1 h à 1 nuit

Déshydratation : de 12 h à 36 h, selon la consistance désirée et le temps de conservation souhaité

Pour environ 30 lanières

- 2 aubergines
- 1 tasse (240 ml) de *Marinade pour bacon d'aubergine au thé du tigre* (p. 64)

Les aubergines se laissent détailler à la mandoline en tranches fines d'environ 2 à 3 mm d'épaisseur pour se plonger dans la marinade et y rester 1 h… ou 1 nuit.

Ensuite, elles recherchent la douce chaleur du déshydrateur pour devenir croustillantes ou tout simplement prendre la consistance du bacon, soit de 12 h à 36 h.

La marinade, rallongée par le jus qu'auront rendu les aubergines, les accompagne dans le déshydrateur pour réduire en une sauce qui peut devenir très épaisse. Elle sera utilisée dans des risottos, des *wraps*, etc.

L'INSTANT… **VARIATION**

Concassée d'aubergines au thé du tigre : les aubergines peuvent aussi se laisser détailler en morceaux assez gros, mais sachez que ceux-ci vont beaucoup réduire à la douce chaleur de la déshydratation… Ils seront alors parfaits pour agrémenter un risotto ou des pâtes de légumes.

ÉLOGE DES **AUBERGINES**

Solanacées haute couture, majestueuses dans leur robe brillante, d'une spirituelle coquetterie dans leur déclinaison du violet profond au blanc pur et parfois même audacieusement tigrées… Fruits et légumes à la fois, elles sont inclassables par la sensualité provocante de leurs courbes et la sagesse irréprochable de leur collerette. Si la présence de saponines les rend peu intéressantes telles quelles, leur texture d'éponge leur vaut d'être précieuses dans L'instant Cru. Prêtes à s'imbiber de parfums et d'épices avant de se laisser déshydrater, elles contribuent à la confection de bacons végétaux, de morceaux qui rappellent la viande par leur consistance et leur aptitude à libérer l'arôme des marinades qui les imprègnent.

Une de mes filles, végétarienne, a cru que je lui faisais manger du jambon fumé. Enroulé autour d'un pruneau (*Pruneaux au bacon d'aubergine*, p. 64) ou d'autres légumes ou fruits, il est surprenant... Un peu relevé de piment de Cayenne, il est délicieux avec une *Concassée de tomates à la napolitaine* (p. 50).

TABOULÉ

Quand les graines de chanvre se substituent à la semoule de blé, leurs notes de noisette et leur croquant irrésistible ne peuvent créer que la surprise et… l'addiction ! D'une insolence délicieuse, elles jouent avec les herbes pour nous faire décoller sans effets indésirables.

Préparation : 15 min

Pour 3-4 personnes

- 3 tasses (3 belles bottes) de persil
- 1 à 2 tasses (2 belles bottes) de basilic
- 1 tasse (1 belle botte) de menthe
- 1 tasse (125 g) de graines de chanvre décortiquées
- 1/2 tasse (75 g) de tomates épépinées coupées en dés
- 1/2 tasse (50 g) de poivrons coupés en morceaux, éventuellement pelés
- 1 ou 2 avocats coupés en petits dés
- 1/2 oignon rouge, ou 1 belle échalote
- 1/4 de tasse (60 ml) d'huile d'olive
- 1/4 de tasse (60 ml) de jus de citron
- 1 petite gousse d'ail pelée (facultatif)
- 1/2 cuil. à café de sel
- 1 pointe de piment de Cayenne

Toutes les herbes grossièrement ciselées se réunissent joyeusement dans la cuve d'un robot muni d'une lame en S et se laissent hacher docilement. Les herbes se font broyer botte par botte si la cuve est petite.

Puis les herbes retrouvent les légumes ainsi que tous les autres ingrédients.

L'INSTANT… **NUTRITIONNEL**

Les graines de chanvre décortiquées n'ont aucun effet psychotrope. Ce sont les seuls ingrédients dont je salue dans ce livre les bienfaits sur le plan nutritionnel. En plus d'être très riches en oméga-3 et en vitamines, les graines de chanvre contiennent plus de 30 % de protéines végétales complètes et tous les acides aminés essentiels. Leur délicieux goût de noisette les rend incontournables dans L'instant Cru !

ÉLOGE DU **POIVRON**

Le poivron est comme un piment géant qui aurait maîtrisé sa force en grandissant. Il n'a pas l'agressivité des petits piments teigneux qui peuvent enflammer vos papilles jusqu'à vous en faire perdre l'usage pendant quelque temps douloureux. Le poivron, quand il est rouge et mûr (L'instant Cru ne privilégie pas l'utilisation des poivrons verts, immatures), est pétillant de fraîcheur tout en étant intimement chaleureux. Ce contraste généreux en fait un légume particulièrement apprécié en cuisine vivante.

TOMBÉE D'**ÉPINARDS**

Une texture fondante et croquante à la fois. Et toute la fraîcheur vive et fleurie des épinards crus...

Préparation : 10 min

Pour 2 personnes

- 4 à 6 tasses (200 à 250 g) de pousses ou de feuilles d'épinards bien tassées
- 1 cuil. à soupe d'huile d'olive
- 1/4 de cuil. à café de sel

Les jeunes pousses d'épinards aiment être délicatement mais fermement massées avec le sel. Elles sont alors prêtes à rendre leur jus. Elles perdent autant en volume qu'elles gagnent en tendreté... et en tendresse.

Si ce sont des feuilles (et non des pousses), elles peuvent renoncer au massage pour se rassembler dans la cuve d'un robot muni d'une lame en S afin d'y subir un broyage par pulsation. Les jeunes pousses se transforment alors rapidement en tombée d'épinards hachés.

L'huile d'olive vient se joindre à la tombée d'épinards.

L'INSTANT... **TECHNIQUE**

En cuisine traditionnelle, on « tombe » des épinards en les cuisant pour réduire leur volume. Dans L'instant Cru, la tombée se réalise très rapidement avec du sel, en préservant la fraîcheur et le goût des épinards de l'agression de la cuisson. Les épinards n'aiment pas être broyés trop finement en purée, à moins d'être destinés à un bébé. D'ailleurs, les enfants comme les adultes adorent les épinards crus, qui n'ont pas le goût amer et métallique des épinards trop cuits.

L'INSTANT... **VARIATION**

Épinards à la crème : 1/2 tasse de *Béchamel de cajou* (p. 54) se lie à la tombée d'épinards dans une intimité certaine tout en préservant des espaces de liberté. Ainsi il est agréable, en dégustant ce plat, de pouvoir choisir des bouchées plus vertes et des bouchées blanches sans que le mélange soit trop homogène.

Avec un thé...

Tamaryokucha impérial du Palais des thés : avec ce thé, les notes fleuries des épinards sont exaltées. Les notes végétales et beurrées du thé, en attaque et en notes de cœur, adoucissent la vivacité croquante des épinards et se mêlent à leur fraîcheur avec beaucoup d'aisance. Avec les épinards à la crème, le thé renforce les notes beurrées de la crème de cajou et développe une merveilleuse note de fleur blanche en longueur. Le thé, très végétal, très beurré en attaque et en notes de cœur, arrondit le côté très vif et croquant des épinards en les réchauffant légèrement et en les rendant encore plus fondants.

LASAGNES **D'HIVER**

Ces lasagnes de courgettes démodent avec insolence leurs cousines de blé. Elles savent qu'elles sont belles et savoureuses... Pour le plaisir et pour la santé !

Préparation : 40 min

Pour 4 personnes

- 2 ou 3 grosses courgettes bien fermes
- 1 petite tasse (240 ml) de *Tombée d'épinards* (p. 70)
- 2 grosses tasses (500 ml) de *Ricotta de macadamia express* (p. 60)
- 1 petite tasse (220 ml) de *Pesto d'hiver* (p. 46)
- 1 tasse (240 ml) de *Béchamel de cajou* (p. 54)
- Sel

Utile ustensile

- 1 mandoline à lame droite
- 1 plat à gratin ou 1 moule à charnière (environ 18 x 18 cm)

Les courgettes se laissent détailler en bandes le plus large possible, dans la longueur, par une mandoline.

Elles aiment se laisser légèrement saler avant de dégorger et de s'assouplir sur une feuille Téflex avant de se reposer sous la douce chaleur du déshydrateur pour perdre un peu d'eau ainsi que de leur croquant... tout en restant *al dente*.

Les tranches de courgettes se lovent les premières au fond d'un plat à gratin ou d'un moule, puis alternent selon leur humeur avec des couches de ricotta de macadamia, de tombée d'épinards, de pesto d'hiver... et ainsi de suite jusqu'à épuisement des ingrédients. C'est la béchamel de cajou qui a le dernier mot et vient clore la débauche de superpositions.

La poudre de curcuma ou la poudre de tomate séchée adorent être parsemées sur la béchamel de cajou pour imiter le roussissement de la cuisson. Ces lasagnes de courgettes aiment bien se reposer 1 à 2 h dans le déshydrateur à 42 °C avant d'être servies tièdes, à moins qu'elles ne soient pressées de se présenter à vos papilles attentives pour recevoir des compliments.

Avec un thé...

Tamaryokucha premium, thé vert du Japon, récolte primeur : l'union est parfaite tant en note qu'en texture. Le thé devient très vert, doux, beurré, floral, laissant en retrait son pôle marin. Les notes du thé et du pesto se fondent et s'entrelacent. Le thé prolonge et en renforce les parfums.

L'accord est d'une incroyable intensité et élégance. Le thé vient mettre à l'honneur le vert du plat et le plat réveille toutes les nuances florales et zestées du thé. La texture du thé se fond avec la béchamel et fait se déployer la pointe de muscade.

Avec un vin...

Lanius 2013, Domaine Alta Alella, DO Alella : le défi de cet accord est de faire face à la gourmandise et l'opulence du plat. Issu de la plus petite appellation d'Espagne, ce vin composé en majorité de pansa blanca *affiche une certaine ampleur ainsi qu'une minéralité très fine. Le boisé du vin, par son côté fumé, souligne l'onctuosité de la béchamel, tandis que la tension du vin rehausse le pesto qui marque la finale de l'accord.*

ÉLOGE DES **ÉPINARDS**

Révélés et préservés par la seule influence du sel, les épinards supportent la solitude, dans la belle autonomie de leurs parfums de fleurs blanches, même s'ils se plaisent à les enlacer avec celles des thés verts japonais. Ils sont merveilleux pour soutenir les arômes de basilic dans un pesto d'hiver, impertinent et profond, et s'accordent avec des crèmes de cajou onctueuses autant qu'ils apprécient la compagnie des cèpes... À la fois autonomes et sociables, ce sont des compagnons d'hiver très recherchés.

CURRY DE **CHOU-RAVE**

Un curry croquant et très doux dont les goûts rebondissent en bouche emportés par un beurre de coco soyeux et délicatement relevé.

Préparation : 20 min

Pour 2-3 personnes

Pour le risotto de chou-rave
- 2 tasses de chou-rave (soit 1 gros ou 2 petits) épluché, coupé en dés

Pour la sauce au curry
- 1/2 tasse (35 g) de chair de jeunes noix de coco séchée trempée dans l'eau 1 h avant
- 2 cuil. à soupe à 1/2 tasse d'eau
- 1/2 à 1 cuil. à soupe de curry, selon le goût
- 1/2 cuil. à café de sel
- 1/2 cuil. à café de gingembre râpé
- 1 goutte d'huile essentielle de citronnelle
- 1 pointe d'ail (facultatif)
- 1/4 de tasse (1/2 botte) de feuilles de coriandre ou 1 goutte d'huile essentielle de coriandre feuille

Les dés de chou-rave se rangent docilement dans la cuve d'un robot muni d'une lame en S pour se laisser transformer en petits morceaux floconneux et légers qui rappellent les grains de riz… tant qu'ils ne sont pas trop broyés. Les pulsions brèves sont idéales pour aérer les grains pendant le broyage. Le chou-rave ainsi transformé attend impatiemment la sauce au curry. Elle est si vite prête ! Elle arrive…

PRÉPARATION DE LA SAUCE AU CURRY

Tous les ingrédients, excepté les feuilles de coriandre, se précipitent dans la cuve d'un blender puissant pour se laisser longuement mixer en crème onctueuse avant de se mélanger au chou-rave.

Les feuilles de coriandre rejoignent le mélange à la dernière minute, à moins qu'elles n'aient la coquetterie de se préférer ciselées au couteau…

Le chou en risotto et la sauce au curry se mêlent alors intimement.

L'INSTANT… **VARIATION**

– 1/4 de tasse de petits pois frais, 1/4 de tasse de raisins secs (légèrement réhydratés dans un peu d'eau) et 1 à 2 cuil. à soupe de ciboulette rejoignent le chou-rave détaillé en risotto.

– Outre le chou-rave, toutes les graines germées aiment se rouler dans un curry crémeux : fenugrec, alfalfa, lentilles, petits pois…

Avec un thé…

Puttabong Clonal Queen de printemps, darjeeling du Palais des thés : il apporte de la fraîcheur au curry mais renforce aussi le pôle doux coco. Son astringence donne du caractère au curry, répond au chou et à ses notes soufrées tout en maintenant la délicatesse de leurs accords. Le thé met en avant le pôle très épicé, curry, chaud, tout en en gardant de la rondeur. La texture onctueuse du curry aime être suivie par la douceur du thé…

ÉLOGE DES **CHOUX-RAVES**

Les choux-raves crus sont d'une franchise merveilleuse. Ils ressemblent à de petites planètes d'où émergent des antennes comme des arbres miniatures. Leur chair ferme, croquante, au parfum de noisette légèrement soufré, permet un risotto blanc pur de grande qualité qui – appelant le curry et la crème de coco – s'est fait entendre et adoré dans L'instant Cru.

COLLECTION DE CANNELLONIS

Les cannellonis se roulent avec impertinence dans la béchamel de cajou en se jouant de leurs cousins de blé dur. Ils explosent en bouche de parfums joyeux… tout crus !

Préparation : 1 h

Pour 4-6 personnes

- 2 ou 3 belles courgettes
- 2 tasses (500 ml) de *Béchamel de cajou* (p. 54)
- Quelques pincées de sel
- Éclats de poivre noir

Pour le fourrage des cannellonis

- 2 tasses (500 ml) de *Ricotta de macadamia express* (p. 60)
- 1 tasse (240 ml) de *Ricotta de macadamia aux herbes* (p. 60)
- 1 tasse (240 ml) de *Tombée d'épinards* (p. 70)
- 1 tasse (240 ml) de *Sauce napolitaine* (p. 50)
- 1/2 tasse d'olives noires
- 1 tasse (240 ml) de *Concassée de tomates à la napolitaine* (p. 50)
- 1/2 tasse (120 ml) de *Pesto d'hiver* ou de *Pesto de menthe* (p. 46)

Les courgettes se détaillent en tranches dans le sens de la longueur à l'aide de la mandoline. Pour s'assouplir et perdre un peu d'eau tout en restant *al dente*, – pendant la préparation des sauces qui les garniront –, les tranches de courgette ont le choix de séjourner 30 min à la douce chaleur du déshydrateur, ou de se laisser rapidement masser avec le sel pour dégorger un peu d'eau entre deux torchons propres.

Ces bandes de courgette adorent se transformer en cannellonis pour s'enrouler souplement autour de joyeuses préparations qui s'associent selon leurs affinités… et les vôtres !

Les alliances proposées sont heureuses, il en existe d'autres :
– ainsi la ricotta de macadamia apprécie la tombée d'épinards ;
– la sauce napolitaine s'entend parfaitement avec la ricotta de macadamia ;
– la ricotta aux herbes recherche les olives noires ;
– et la concassée de tomates et le pesto se connaissent depuis si longtemps…

Les cannellonis formés se lovent dans un plat à gratin ou directement dans une assiette pour se laisser recouvrir douillettement d'une généreuse couche de béchamel de cajou et parsemer modérément de quelques éclats de poivre noir.

ÉLOGE DES **COURGETTES**

En gastronomie crue, elles sont une ressource inépuisable de créativité. Elles permettent les spectaculaires spaghettis, les tagliatelles, les tranches de lasagnes et même les raviolis. Leur goût fin et délicat et leur consistance aqueuse en font un légume précieux pour être incorporé à des préparations de pâte à crêpes, de crackers ou de biscottis, leur eau s'évaporant facilement à la déshydratation. Leur retour au printemps est attendu avec impatience par les gastronomes de L'instant Cru...

CROUSTILLANTS DE SÉSAME
À LA RICOTTA DE MACADAMIA

La croustillance des rouleaux, leur douceur miellée jouant avec la fine acidité de la ricotta… Une merveilleuse recette déroutante par l'absence de cuisson, de produits laitiers et de farine. Et pourtant, les parfums et les textures sont là.

Préparation : 30 min

Déshydratation : 15 h

Pour 5-6 personnes

- 15 *Croustillants de sésame blond au miel* (p. 143) formés en rouleaux au moment de la déshydratation
- 1 tasse (240 ml) de *Ricotta de macadamia express* ou *aux herbes* (p. 60)

Pour servir

- Pousses (pois, tournesol…, toutes graines qui rendent la vie de L'instant Cru si belle)

Utile ustensile

- 1 poche à douille (facultatif)

Les rouleaux de sésame se laissent délicatement fourrer à la ricotta. L'intervention d'une poche à douille peut être utile si les rouleaux sont très minces…

Les croustillants aiment être servis sur un lit de pousses (ici, de petits pois).

ÉLOGE DES **NOIX DE MACADAMIA**

Rondes au toucher, rondes en bouche, elles ont le goût de la rondeur. Elles ne résistent sous la dent que pour prolonger leurs arômes délicats de lait et de beurre frais. Toutes végétales, légères et de crudité vêtues, elles participent généreusement à la fabrication de toutes les préparations lactées, se prêtent naturellement à la fermentation de fromages, et adoptent maternellement, dans leur écrin de crème, tous les légumes, les fruits et les baies rouges…

PAD THAÏ

Un pad thaï tout cru qui explose de parfums d'une intensité indéniablement préservée par l'absence de cuisson… Une expérience inédite.

Préparation : 20 min

Pour 4-6 personnes

- 1 tasse (240 ml) de *Sauce pour pad thaï* (p. 82)
- 1/2 tasse d'*Amandes épicées* (p. 48)
- 2 tasses (300 g) de courgettes détaillées en julienne
- 1 tasse 1/2 (200 g) de carottes détaillées en julienne
- 2 tasses (100 g) d'oignon rouge ou rose finement tranché
- 1 à 2 tasses (150 g) de pousses de soja
- 1 tasse (100 g) de chou rouge détaillé en fines lanières
- 1 tasse (120 g) de pomme granny-smith détaillée en julienne
- 1 tasse (120 g) de poivron rouge ou orange détaillé en julienne
- 3 tasses (450 g) de nouilles de kelp
- 1/2 citron (jus)
- 1 piment finement coupé
- 1 tasse (1 belle botte) de coriandre et/ou de basilic thaï grossièrement ciselé

Utile ustensile

- 1 mandoline à julienne

Les nouilles de kelp, bien rincées dans de l'eau tiède citronnée, et les légumes, coupés ou détaillés en julienne à l'aide d'une mandoline, se laissent malaxer avec la sauce... Tout simplement.

Les amandes épicées et la coriandre, ciselée à la dernière minute, viennent parsemer le plat avant le service.

Avec un thé...

Puttabong Clonal Queen, thé noir d'Inde de Darjeeling, récolte de printemps, du Palais des thés : l'accord est très beau... Le thé reste doux et très rond en bouche, ses notes rosées, très fruitées, sont magnifiquement mises en avant. La chaleur du thé arrondit les parfums du pad thaï et les exhale. Les oignons deviennent plus fruités, la coriandre plus végétale, le gingembre plus zesté.

Avec un vin...

De-ci de-là 2013, Domaine Philippe-Modat, Côtes du Roussillon-Villages : issu de grenache blanc, gris et de macabeu, ce vin onctueux souligne parfaitement le croquant du pad thaï, renforçant encore la gourmandise de la recette. Sa finale sur le poivre blanc ponctue délicatement le plat sans l'écraser, dévoilant une subtilité étonnante pour un blanc du Roussillon.

Les pointes acidulées du tamarin de la sauce vont taquiner tous les légumes pour les emmener dans une danse de saveurs exceptionnelles. Comme s'ils étaient poussés à donner le meilleur d'eux-mêmes.

PAD THAÏ EN ROULEAUX

Les parfums intenses du pad thaï avec la joyeuse vitalité des légumes crus dans des rouleaux qui ne demandent qu'à voyager… et vous faire voyager !

Préparation : 30 min

Pour 4-6 personnes

- 15 feuilles de laitue larges et aplaties à l'aide d'un rouleau à pâtisserie ou 15 feuilles de riz baignées quelques secondes dans l'eau pour devenir molles et transparentes
- Tous les ingrédients du *Pad thaï* (p. 80)

Utile ustensile

- 1 mandoline à julienne

Les nouilles de kelp, bien rincées dans de l'eau tiède citronnée, et les légumes, coupés ou détaillés en julienne à l'aide d'une mandoline, se calent au cœur de 1 feuille de riz déployée ou de 1 simple et large feuille de laitue.

La sauce vient se couler le long des légumes, puis les amandes épicées et un peu de coriandre ciselée, avant que le rouleau ne se replie délicatement sur l'ensemble. Les deux bords externes du rouleau se rabattent les premiers vers le centre, avant que l'ensemble ne roule sur lui-même et n'emballe fermement le pad thaï… tout simplement.

SAUCE POUR PAD THAÏ

- 1/4 de tasse (60 ml) de tamari
- 2 cuil. à soupe de pâte de tamarin
- 2 cuil. à soupe (50 g) de crème d'amande (voir p. 13)
- 1 cuil. à soupe de sirop d'érable ou de sirop d'agave cru
- 2 cuil. à soupe d'huile d'olive
- 1/2 cuil. à café d'ail écrasé ou râpé
- 1 cuil. à soupe de gingembre râpé ou de galanga
- 1/2 cuil. à soupe de piment serrano haché ou 1 pointe de piment de Cayenne

Tous les ingrédients se retrouvent dans la cuve d'un blender puissant jusqu'à l'obtention d'une crème épaisse. Celle-ci se liquéfiera au contact des légumes avec l'eau qu'ils dégorgeront.

L'INSTANT… **CONSEILS**

– Un blender puissant réduit sans pitié la pâte de tamarin qui peut receler des éclats de noyaux. Une grande quantité se laisse faire docilement dans un tel robot, d'autant plus que la marinade se conserve merveilleusement au réfrigérateur, ou au congélateur, en cubes prêts à l'emploi.

– J'adore l'ail tant qu'il n'est pas envahissant. Je mesure ses proportions au minimum pour apprécier son goût irremplaçable sans qu'il tapisse les papilles et l'estomac jusqu'au lendemain…

EFFILOCHÉE D'ENDIVES AUX BAIES ROSES

Une compotée d'endives crues tendrement enveloppée d'une crème de cajou suave qui en maîtrise l'amertume, réchauffée par le poivre des baies roses. Une de mes recettes préférées.

Attendrissement des endives : de 15 min à 1 h

Préparation : 15 min

Pour 2-3 personnes

- 1 petite tasse (20 cl) de *Crème de cajou aux baies roses* (p. 55)
- 8 tasses d'endives (6 à 8 endives) effilochées sans les cœurs
- 3 à 4 cuil. à café de sel

Les endives effilochées à l'aide d'un bon couteau se laissent masser avec le sel pour rendre leur eau lorsque 15 min leur sont accordées.

Pressées entre des mains impitoyables, elles perdent jusqu'à 1 tasse (240 ml) de liquide et, bien tassées, remplissent 2 ou 3 tasses.

La crème de cajou aux baies roses vient se mêler intimement aux endives bien essorées.

Avec un thé…

– Puttabong Muscatel, récolte d'été du Palais des thés : l'association des endives aux baies roses et du thé provoque une explosion aromatique de notes épicées, caramélisées, boisées, fleuries, dont une indéniable présence de géranium. Les endives – crues – sont presque caramélisées par le thé. On reste sur une texture vive et corsée très agréable qui permet le plein épanouissement des arômes floraux.

– Balasun Muscatel, thé noir d'Inde de Darjeeling, récolte d'été : il développe des notes très boisées de santal, de bois de rose, de miel brun, des notes épicées de muscade, de cannelle, de coriandre, ainsi que des notes florales rosées aux nuances d'agrumes confits. Toutes ces notes se mélangent avec celles des endives et viennent les approfondir tout en mettant en avant la richesse et la typicité du plat. La longueur en bouche est incroyable.

Avec un vin…

Cuvée n° 6, Domaine des Pothiers, Côte roannaise : l'accord est délicat en raison de l'amertume des endives. Cependant, ce rouge peu tannique issu de gamay Saint-Romain ne se laisse pas déséquilibrer par les endives et renforce, prolonge le parfum des baies roses de façon très intéressante en jouant sur son fruité. Un bel accord.

J’aime les légumes mais j’avoue que l’endive telle qu’elle m’a été présentée – cuite, à la béchamel, au jambon, braisée (la pauvre), même en salade – ne m’a jamais séduite. Quand je les ai rencontrées cuisinées traditionnellement à la crème et aux baies roses, ça a été le coup de foudre. J’ai élaboré une version crue de ce plat… C’est encore plus délicieux. La crème de cajou, avec son sirop d’érable, maîtrise l’amertume des endives qui, de toute façon, part en grande partie avec l’eau qu’elles dégorgent au contact du sel. Cette étape est très importante pour supprimer l’amertume.

MAKIS AUX JEUNES POUSSES

L'éclat vif du poivron et la douceur poivrée de la mangue sont délicieux à débusquer au cœur de la ricotta, parmi les jeunes pousses encore croquantes. Et les notes piquantes des pousses de radis et de poireaux relèvent la fraîcheur du maki.

Préparation : 10 min

Pour 1 personne, soit 6 à 8 makis

- 1 feuille d'algue nori
- 3/4 de tasse (30 g) de jeunes pousses (alfalfa, radis, poireaux, pois, roquette...)
- 1/3 de tasse (80 ml) de *Ricotta de macadamia express* (p. 60)
- 3 ou 4 bâtonnets de poivron rouge ou orange
- 3 ou 4 bâtonnets de mangue
- 3 ou 4 bâtonnets d'avocat
- 1 cuil. à café de graines de sésame noir

Pour tremper les makis

- Du tamari

Utile ustensile

- 1 natte en paille pour rouler les makis

La feuille d'algue nori s'étale sur la natte en paille.

Les jeunes pousses viennent les premières se coucher sur la feuille noire. Elles sont rejointes par la ricotta de macadamia ; puis les bâtonnets de légumes et de fruits viennent à leur tour se lover au cœur du fromage.

Les graines de sésame parsèment joyeusement l'ensemble avant que la feuille d'algue nori ne s'enroule délicatement et fermement sur la préparation. Au moment de se refermer, la feuille d'algue apprécie d'être humidifiée avec un peu d'eau sur la bordure, telle une enveloppe que l'on cachette.

Le rouleau ainsi refermé se laisse découper, avec un excellent couteau, en cylindres assez petits pour être délicatement trempés dans la sauce tamari et mangés en une seule bouchée.

Avec un thé...

Jejudo, thé vert de Corée, du Palais des thés : il se fond en bouche et développe des parfums doux, des notes végétales de légume cuit, de fruit à coque, des notes iodées et marines qui résonnent avec l'algue nori. Il s'accorde avec toutes les nuances du maki, avec les graines de sésame, les notes fruitées et végétales. La chaleur du thé débride le parfum des jeunes pousses tout en unissant toutes les impressions en bouche. L'accord est tout en fraîcheur et en délicatesse.

Avec un vin...

Riesling K 2012, Domaine Paul-Kubler, Alsace : caractérisé par le croquant des jeunes pousses et la douce onctuosité de la ricotta, ce plat appelle un vin plutôt ciselé et salin afin de marier la polarité du goût. Dominé par une aromatique citronnée, ce riesling réussit à contenir la puissance du plat par sa longueur. Sa finale saline amplifie sa vivacité afin de parfaire l'accord.

Dans ce maki, l'intérêt réside dans la suavité lactée de la ricotta avec laquelle tranche le piquant fort mais maîtrisé des pousses de radis et de poireaux, la douceur poivrée des mangues sucrées avec la fraîcheur croquante des poivrons, elle-même compensée par l'avocat crémeux. La feuille de nori, par sa résistance en termes de texture et par la mastication qu'elle nécessite, prolonge la longueur en bouche des arômes des fruits et des légumes. Ce maki tout simple est un régal. Il peut être transformé selon les trésors cachés de votre réfrigérateur et inspirer les compositions les plus audacieuses, sachant qu'il est bon de respecter l'alliance des cinq saveurs : salée, sucrée, amère, acide et piquante, pour créer et maintenir l'équilibre joyeux des sensations en bouches.

LÉGUMES **TERIYAKI**, BROCHETTES D'ANANAS

En japonais, *teri* signifie « laqué », et *yaki*, « grillé ». Des parfums en 3D pour revisiter une recette traditionnelle avec brio.

Préparation : 20 min

Déshydratation : 1 à 2 h

Pour 3 personnes

- 1/2 ananas détaillé en petits cubes
- 2 tasses (500 ml) de *Sauce teriyaki* (p. 48)
- 1 tasse 1/2 (180 g) de haricots plats ciselés en biais
- 1 tasse (120 g) de brocoli détaillé en fleurettes, la tige ciselée en biais
- 3/4 de tasse (80 g) de shiitake tranchés
- 3/4 de tasse (75 g) de chou chinois ou de chou bok choy ciselé
- 3/4 de tasse (75 g) de pousse de soja ou autres pousses germées
- 1/2 tasse (60 g) de poivron rouge détaillé en julienne
- 1/4 de tasse (25 g) d'oignon rouge découpé en fines lamelles
- 1/2 tasse (80 g) de carotte détaillée en julienne ou râpée à la mandoline

Utile ustensile

- 6 petites brochettes en bois

Les cubes d'ananas s'immergent dans la sauce teriyaki le temps que les légumes se découpent, puis s'enfilent sur les brochettes.

Les légumes, découpés selon leur morphologie, se coulent dans la sauce teriyaki pour s'en imprégner (dans un sac plastique vide d'air ou un bocal en verre étanche).

Brochettes d'ananas et légumes partent se reposer dans le déshydrateur 1 à 2 h, ce qui intensifiera les goûts sans nuire à l'intégrité des aliments.

2 brochettes d'ananas se glisseront dans chaque assiette avec des légumes teriyaki.

L'INSTANT… **VARIATION**

Shiitake teriyaki : 2 tasses (200 g) de shiitake frais (ou 1 tasse, 30 g, de shiitake séchés) se plaisent à mariner dans la sauce teriyaki selon le même procédé que les légumes. Ils aimeront se glisser dans les *Raviolis de navet* (p. 98).

Nul besoin de les rôtir pour laquer de délicieux légumes vivants et crus. Ainsi l'association de cette sauce japonaise avec les shiitake est une évidence aromatique. Vous pouvez vous amuser à les associer à de nombreuses préparations. J'apprécie particulièrement de les déguster avec des navets, dont les notes légèrement soufrées s'accordent bien avec celles des champignons. Avec leur saveur délicatement *umami*, les shiitake marinés peuvent accompagner de nombreux légumes et en exhaler naturellement les parfums.

ÉLOGE DE L'**ANANAS**

Comme la mangue, l'ananas est un royaume qui recèle une multitude de parfums. D'une grande complexité, il se suffit à lui-même aussi bien qu'il s'accorde avec grâce avec beaucoup d'autres fruits et de légumes dans des préparations tant salées que sucrées.

PIZZA

Une recette traditionnelle renouvelée par les protocoles de L'instant Cru. Une pizza qui croustille en bouche, explose de ses parfums chaleureux et de toute son insolente vivacité…

Préparation : 40 min

Déshydratation (fond de tarte) :
12 h ou plus selon la croustillance désirée

Pour 4-6 personnes

- 1 *Fond de tarte pour pizza* (p. 120) découpé en rectangles (4 x 5 cm)
- 1 tasse (240 ml) de *Ricotta de macadamia express* (p. 60) ou des lamelles de *Mozzarawla (p. 122)*
- 1 tasse (240 ml) de *Concassée de tomates à la napolitaine* (p. 50)
- 1/2 tasse (120 ml) de *Pesto d'hiver* (p. 46)
- 1 tasse (100 g) de champignons de Paris émincés
- 1/2 tasse (100 g) de tomates cerises coupées en deux
- 1 tasse (120 g) d'olives noires dénoyautées
- 1 tasse (240 ml) de *Béchamel de cajou* (p. 54) (facultatif)
- 1/4 de tasse d'herbes de Provence fraîches ou 1 cuil. à soupe d'herbes séchées

Utile ustensile

- 1 mandoline à lame droite

La ricotta de macadamia, la concassée de tomates et le pesto s'étendent délicatement sur des rectangles de fond de tarte pour pizza déshydratés, suivis par les lamelles de champignon, les tomates cerises et les olives noires.

La béchamel de cajou recouvre inégalement la pizza, puis les herbes de Provence se laissent parsemer… La pizza est prête à être dégustée immédiatement.

Avec un thé…

Delmas Bari, récolte d'été, du Palais des thés : ce darjeeling accompagne les saveurs de la pizza. Il rend la tartine plus ample, plus unie, plus ronde, plus gourmande. Le pôle vif fleuri caractéristique du thé résonne avec les notes camphrées de la concassée à la napolitaine, se liant ainsi dès l'attaque et apportant l'élégance et la douceur de ses notes de fleurs blanches.

ÉLOGE DU **THYM**

Concentré de chaleur et de soleil, un peu de thym séché dans une sauce napolitaine ou dans une modeste soupe crue suffit pour nous faire entendre les cigales et nous réchauffer les entrailles en plein hiver. Exquis avec les crèmes salées et sucrées, de noix de macadamia et de cajou, et divin avec le cacao, le thym est une herbe fine indispensable à la cuisine vivante.

PURÉE DE CAROTTE

L'onctuosité parfaite d'une purée crémeuse, la vivacité intacte et le parfum puissant des carottes crues... en moins de cinq minutes.

Préparation : 5 min

Pour 2 personnes, soit 3 tasses

- 2 tasses (250 g) de carottes coupées en rondelles
- 1 tasse (110 g) de noix de cajou
- 1 tasse (240 ml) d'eau
- 1/2 cuil. à café de sel
- 1/2 cuil. à café de cumin en poudre ou 1 goutte d'huile essentielle de cumin
- 1 grosse pincée de poivre noir finement moulu ou 1 goutte d'huile essentielle de poivre noir
- 1 pointe de piment de Cayenne
- 1 goutte d'huile essentielle de mandarine ou d'orange, ou quelques zestes

Tous les ingrédients se précipitent dans la cuve d'un blender puissant pour être broyés en une purée onctueuse... très onctueuse.

L'onctuosité de la purée doit sa perfection à la puissance du blender. Si elle est insuffisamment mixée et d'une texture (même légèrement) granuleuse, elle perd beaucoup de son intérêt.

L'INSTANT... **VARIATION**

Soupe de carotte : la purée de carotte accueille volontiers 1 à 2 tasses supplémentaires d'eau pour devenir une soupe de la consistance désirée. Des épices se rajoutent au mélange pour l'intensifier.

Avec un thé...

Mist Valley du Palais des thés, récolte de printemps : l'accord est superbe. Le profil floral, végétal et légèrement camphré de ce thé népalais se marie parfaitement avec la carotte et la met en valeur. La fine astringence que le thé développe en fin de bouche bouscule les notes plus sucrées de la carotte pour renforcer et prolonger son parfum.

Le parfum des carottes explose en bouche avec des goûts d'enfance acidulés. La consistance ultra-crémeuse de la purée prolonge le goût puissant de la carotte crue. La goutte d'huile essentielle de mandarine lui apporte une fraîcheur à la fois tendre et discrète et met en valeur les notes de tête déjà présentes dans la carotte. Un je-ne-sais-quoi non identifiable qui surprend les papilles déjà émoustillées par le poivre noir, le cumin et le piment de Cayenne. Un peu comme si les notes de mandarine allaient sauter sur les genoux des épices puissantes et sérieuses pour les emmener... une octave plus haut.

RAVIOLIS DE POIRE À LA RICOTTA, AUX NOIX ET AU VINAIGRE BALSAMIQUE

De délicieux petits raviolis qui ne négocient plus entre la poire et le fromage… Une alliance délicate toute en nuances.

Préparation : 15 min

Pour 15 pièces

- 2 ou 3 belles poires
- 1 tasse (240 ml) de *Ricotta de macadamia express* (p. 60)
- 1/2 tasse (50 g) de noix de pécan ou de Grenoble
- 2 cuil. à soupe de vinaigre balsamique

Utile ustensile

- 1 mandoline à lame droite

Les poires, après s'être laissées docilement détailler en rondelles fines, accueillent en leur centre un peu de ricotta de macadamia, 1 noix de pécan et une larme de vinaigre.

Chaque rondelle ainsi garnie se laissera recouvrir par une autre qui se pressera délicatement contre la ricotta pour former un ravioli. (Voir photo p. 97.)

Si la rondelle de poire est suffisamment épaisse, elle n'aura pas besoin d'être recouverte par une autre et le ravioli se transformera ainsi en canapé prêt à être saisi… et dégusté.

EN **VERRINE**…

La poire détaillée finement en petits cubes viendra jouer dans le récipient avec la ricotta, les noix et le vinaigre balsamique.

ÉLOGE DES **NOIX DE GRENOBLE OU DE PÉCAN**

Ce sont les intellos de la bande des oléagineuses à cause de leur forme cérébroïde et leur action bienveillante sur le système nerveux humain. Dans L'instant Cru, les noix sont appréciées pour leurs parfums puissants aux notes boisées, leur amertume mêlée de douceur miellée… Elles sont parfaites pour les fonds de tarte auxquels elles apportent une texture délicate et des goûts de biscuits. Elles corsent des pâtés de graines et de noix de saveurs presque animales, et donnent du caractère à certaines sauces et crèmes.

SPAGHETTIS OU RAVIOLIS AUX CÈPES ET À LA CRÈME

Des raviolis et des spaghettis crémeux aux notes enchanteresses et animales, qui font mentir tous ceux qui pensent que la gastronomie crue se limite à des salades…

Préparation : 15 min

Pour 2-3 personnes

- 2 ou 3 courgettes jaunes ou vertes
- 1 tasse (240 ml) de *Crème de cajou aux cèpes* (p. 59)
- 1 petite branche de thym frais
- Éclats de poivre noir
- Sel

Utiles ustensiles

- 1 mandoline à lame droite pour les raviolis
- 1 mandoline à lame dentelée pour les spaghettis

Les courgettes passent joyeusement à travers la mandoline à lame droite ou à julienne selon qu'elles se transforment en raviolis ou en spaghettis. Les raviolis se découperont en carrés dans les bandes de courgette.

Les spaghettis peuvent être légèrement salés pour rendre un peu d'eau avant de risquer de détremper la crème, à moins que celle-ci ne soit très épaisse, de même que les raviolis peuvent s'assouplir au contact du sel ou se laisser tranquillement et légèrement déshydrater à la douce chaleur du déshydrateur pendant que la crème de cajou aux cèpes se fait lisse.

Spaghettis ou raviolis se mêlent, ou s'enroulent, ou s'intercalent avec les cèpes et leur délicieuse crème.

Quelques pluches de thym frais et des éclats de poivre noir viennent parsemer délicatement le plat.

EN **CANNELLONIS**…

La courgette se laisse détailler en larges bandes dans le sens de la longueur, puis assouplir avec quelques pincées de sel pour rendre un peu d'eau. Elle est alors prête à s'enrouler autour des cèpes mêlés à un peu de leur crème en formant des cannellonis, et à se laisser napper généreusement du reste de crème et de cèpes.

RAVIOLIS DE CONCOMBRE À LA RICOTTA, AUX PIGNONS DE PIN ET À LA MENTHE

Beaucoup de fraîcheur et d'esprit pour ces raviolis *al dente*.

Préparation : 15 min

Pour 15 pièces

- 1 concombre de diamètre régulier
- 2 tasses (500 ml) de *Ricotta de macadamia express* (p. 60)
- 1/2 tasse (60 g) de pignons de pin
- 1 belle tige de feuilles de menthe

Le concombre, après s'être laissé docilement éplucher sur la longueur – totalement, ou en rayure (une bande de peau sur deux), ou pas du tout... – se fait découper en rondelles régulières afin d'accueillir en son centre 1 noix de ricotta de macadamia et quelques pignons de pin.

Chaque rondelle ainsi garnie se laisse recouvrir par une autre qui se presse délicatement contre la ricotta pour former un ravioli. 1 feuille de menthe vient recouvrir le ravioli.

Si la rondelle de concombre est suffisamment épaisse, elle n'aura pas besoin d'être recouverte par une autre et le ravioli se transformera alors en canapé prêt à être saisi... et dégusté.

RAVIOLIS DE POIVRON À LA BÉCHAMEL DE CAJOU ET À LA SAUCE BBQ

La fraîcheur du poivron dilate les notes acidulées et délicatement fumées de la sauce BBQ. La crème de cajou les prolonge... Un *must* de L'instant Cru.

Préparation : 20 min

Pour 20 pièces

- 2 poivrons rouges larges et peu cannelés pour faciliter la découpe
- 1/2 tasse (120 ml) de *Béchamel de cajou* (p. 54) épaisse
- 1/4 tasse (60 ml) de *Sauce BBQ au thé du tigre* (p. 53)

Les poivrons épépinés et débarrassés de leur peau sont détaillés en carrés de 4 cm de côté.

Ils sont alors prêts à recevoir en leur centre 1 cuil. à café de béchamel de cajou et 1/2 cuil. à café de sauce BBQ.

Si la découpe de poivron est suffisamment épaisse et supporte de ne pas être débarrassée de sa peau, elle n'aura pas besoin d'être recouverte par une autre et le ravioli se transformera alors en canapé prêt à être saisi... et dégusté.

RAVIOLIS DE NAVET À LA RICOTTA, AUX SHIITAKE TERIYAKI ET AUX FIGUES

Des raviolis *al dente* dans lesquels la ricotta de macadamia et la figue tempèrent la force des shiitake teriyaki.

Préparation : 15 min

Pour 15 pièces

- 2 ou 3 beaux navets
- 1 tasse (240 ml) de *Ricotta de macadamia express* (p. 60)
- 1/2 tasse (120 ml) de *Shiitake teriyaki* (p. 88)
- 4 ou 5 figues coupées en quartiers

Utile ustensile

- 1 mandoline à lame droite

Les navets se laissent docilement détailler en rondelles fines et régulières afin d'accueillir en leur centre 1 noix de ricotta de macadamia, 1 shiitake teriyaki et 1 quartier de figue.

Chaque rondelle ainsi garnie se laisse recouvrir par une autre qui se presse délicatement contre la ricotta pour former un ravioli. (Voir photo p. 97.)

Si la rondelle de navet est suffisamment épaisse, elle n'aura pas besoin d'être recouverte par une autre et le ravioli se transformera alors en canapé prêt à être saisi... et dégusté.

EN **VERRINE**...

Le navet détaillé finement en petits cubes viendra jouer dans le récipient avec la ricotta, les shiitake teriyaki et des morceaux de figue.

RAVIOLIS DE BETTERAVE À LA RICOTTA ET AUX FINES HERBES

Quand la puissance vaguement terreuse de la betterave se laisse distraire par l'audacieuse légèreté des feuilles de coriandre.

Préparation : 20 min

Pour 30 pièces

- 1 ou 2 betteraves rondes et larges pour faciliter la découpe
- 1 tasse (240 ml) de *Ricotta de macadamia aux herbes* (p. 60)
- 1 bouquet de coriandre fraîche

La betterave se soumet à une découpe en rondelles... qui seront détaillées en carrés pour accueillir un peu de ricotta, se laisser recouvrir d'un deuxième carré de betterave et décorer de 1 feuille de coriandre fraîche. (Voir photo p. 97.)

SOUPE À L'**OIGNON**

Les oignons sont infusés à froid dans une crème légère relevée de vin blanc. Cette soupe est irrésistible… Encore un classique de la tradition culinaire française revisité à travers le prisme de la *raw food* !

Préparation : 10 min

Infusion à froid : au moins 1 h

Pour 2-3 personnes

- 1/2 tasse (60 g) de noix de cajou
- 1/2 tasse (25 g) d'oignons séchés
- 2 cuil. à soupe (25 g) de crème d'amande (voir p. 13)
- 1/2 +1/2 tasse (120 + 120 ml) d'eau
- 3 cuil. à soupe (45 ml) de vin blanc
- 1 filet de jus de citron (facultatif)
- 1 cuil. à soupe de levure maltée
- 1/2 cuil. à café de sel
- Poivre noir

Tous les ingrédients, excepté la 1/2 tasse d'eau et les oignons séchés, se retrouvent dans la cuve d'un blender puissant pour se laisser mixer intimement.

Les oignons s'ajoutent à la préparation pour infuser tranquillement leur parfum pendant au moins 1 h. L'autre 1/2 tasse d'eau bouillante vient réchauffer la soupe juste avant la dégustation. (Voir photo p. 101.)

Avec un thé…

Rohini DJ45, thé noir de Darjeeling, récolte d'été, du Palais des thés : nous avons là un très bel accord. Le thé met en valeur la rondeur et la profondeur de l'oignon. Il prolonge les notes fruitées, compotées, pour faire exploser les notes florales. En même temps, chacun, du thé et de la soupe, garde sa place, sa personnalité, son caractère, tout en s'unissant dans l'accord.

Avec un vin…

Vin Passion 2012, Château du Champ-des-Treilles, Sainte-Foy-Bordeaux : l'oignon apporte une subtile sucrosité qui trouve son complément idéal avec ce vin composé à parts égales de sauvignon blanc, de muscadelle et de sémillon. En effet, son encépagement apporte une richesse, une douceur, mais également une fraîcheur malgré un début d'évolution qui, avec ses notes de noisette et de foin coupé, complexifie l'accord.

TARTE À L'OIGNON

La douceur chaleureuse de l'oignon sans aucune acidité. Une tarte douillette, à la fois traditionnelle dans ses parfums et révolutionnaire dans sa préparation.

Préparation : 15 min

Infusion à froid : moins de 1 h

Pour 4-6 personnes

- 2 tasses (500 ml) de *Fond de tarte salé* (p. 58)

Pour la préparation crémeuse à l'oignon

- 1 tasse 1/2 (360 ml) de *Soupe à l'oignon* (p. 99) réalisée avec seulement 1 tasse (240 ml) d'eau
- 2 cuil. à café de miso
- 2 cuil. à soupe de vin blanc
- 1 cuil. à café de jus de citron
- 1 cuil. à café (2,5 g) d'agar-agar dilué dans 1 tasse d'eau
- 1 cuil. à soupe de psyllium

Utile ustensile

- 1 moule à charnière ou à fond amovible (Ø 20 cm) ou 6 moules individuels

Le fond de tarte tapisse fermement le ou les moules qui se retirent dans le réfrigérateur pour que la pâte durcisse avant d'accueillir la préparation crémeuse à l'oignon.

Pendant que la tasse d'eau dans laquelle la poudre d'agar-agar diluée et portée quelques secondes à ébullition est en train de refroidir tranquillement, la soupe à l'oignon accueille le miso, le vin blanc et le jus de citron pour s'unifier dans un blender puissant. La solution d'agar-agar se rajoute au mélange alors que les lames du robot vrombissent, suivie de près par le psyllium introduit peu à peu.

La préparation est prête à se couler immédiatement dans le ou les moules remplis de pâte avant de prendre consistance au froid en moins de 1 h au réfrigérateur.

L'INSTANT... **VARIATION**

Le *Fond de tarte pour pizza* (p. 120) peut être mis à contribution dans cette recette. De texture moins sablée mais beaucoup plus croustillante, il permettra à la tarte d'être servie tiède ou à température ambiante.

Avec un thé...

Rohini DJ45, thé noir de Darjeeling, récolte d'été, du Palais des thés : le thé met en valeur la rondeur et la profondeur de l'oignon. Il prolonge les notes fruitées, compotées, pour faire exploser les notes florales. En même temps, chacun, du thé et de la tarte, garde sa place, sa personnalité, son caractère, tout en s'unissant dans l'accord.

Avec un vin...

Vin Passion 2012, Château du Champ-des-Treilles, Sainte-Foy-Bordeaux : l'oignon apporte une subtile sucrosité qui trouve son complément idéal avec ce vin composé à parts égales de sauvignon blanc, de muscadelle et de sémillon. En effet, son encépagement apporte une richesse, une douceur, mais également une fraîcheur malgré un début d'évolution qui, avec ses notes de noisette et de foin coupé, complexifie l'accord.

RAWTATOUILLE PROVENÇALE

Avec les notes vives et franches des légumes qui ont échappé à la casserole, ses parfums intacts que seule la chaleur du soleil a concentrés, cette *rawtatouille* renouvelle un plat traditionnel français avec beaucoup de fraîcheur et de simplicité.

Préparation : 15 min

Déshydratation : 1 à 2 h

Pour 2-3 personnes

- 1 tasse (150 g) de tomates coupées en dés, épépinées
- 1 tasse (100 g) de poivron coupé en morceaux, éventuellement pelé
- 2 tasses (250 g) de courgette en morceaux
- 1/4 de tasse (10 g) de tomates séchées au soleil et réhydratées dans de l'eau
- 1/2 oignon rouge ou 1 belle échalote pelés
- 2 cuil. à soupe d'huile d'olive
- 1 cuil. à soupe de sirop d'agave cru
- 1 petite gousse d'ail pelée (facultatif)
- 1/2 cuil. à café de sel
- 1 pointe de poivre de Cayenne
- Quelques olives noires dénoyautées
- 2 ou 3 cuil. à soupe d'herbes de Provence séchées ou 1 tasse d'herbes fraîches
- 1 tasse (1 belle botte) de persil ciselé
- 1 tasse (1 belle botte) de basilic ciselé
- 1/2 tasse (1/2 botte) de menthe ciselée

Tous les ingrédients, excepté les herbes ciselées, se laissent masser dans un saladier.

Ils aiment éventuellement mariner en se reposant 1 à 2 h dans le déshydrateur pour intensifier leurs parfums et être servis tièdes (voir p. 27).

Les herbes ciselées se parsèment avant le service.

Avec un thé...

Delmas Bari du Palais des thés, récolte d'été : ce darjeeling réchauffe le plat tant en température qu'en saveur. Il rend la rawtatouille *plus ample, plus unie, plus ronde, plus gourmande. Le pôle vif fleuri caractéristique du thé résonne avec les notes camphrées du thym et de l'origan, se liant ainsi dès l'attaque et apportant l'élégance et la douceur de ses notes de fleurs blanches. Le feu d'artifice des herbes, des nuances camphrées et herbacées de l'origan explose joyeusement en bouche.*

Cette *raw*tatouille toute fraîche explose en bouche avec des arômes d'une vivacité inattendue car les herbes et les légumes tout frais et crus ne développent pas l'acidité renforcée habituellement par la cuisson. La tomate séchée et l'olive noire apportent le socle, le fond, la profondeur donnant des nuances fruitées presque « ca*raw*melisées », un peu animales, permettant de contrebalancer la fraîcheur, l'acidité de la tomate et des herbes déjà arrondies par le sirop d'agave. C'est un déploiement joyeux de parfums qui s'accorde avec de nombreuses préparations, de risotto, de spaghettis ou de semoules de légumes... tout crus !

RISOTTO DE PANAIS AUX CÈPES

Les notes réglissées du panais dansent littéralement avec le parfum chaud et puissant des cèpes, pour rebondir en bouche avec beaucoup d'aisance et de persistance. Un enchantement inoubliable.

Préparation : 20 min

Pour 2 personnes

Pour le risotto
- 2 tasses (250 g) de panais, coupés en dés de 1 ou 2 cm de côté
- 1 tasse (110 g) de noix de cajou
- 1 branche de thym frais pluché ou 1 cuil. à café de thym séché
- 1/2 cuil. à café de sel

Pour les cèpes
- 1 tasse (240 ml) de *Crème de cajou aux cèpes* (p. 59)
- 1/2 à 3/4 de tasse (120 à 180 ml) des cèpes réhydratés utilisés pour la crème
- 1 belle branche de thym

Les panais, les noix de cajou, le sel et des petites feuilles de thym se retrouvent dans la cuve d'un robot muni d'une lame en S pour se laisser réduire en petits morceaux de la taille de grains de riz. Le risotto n'apprécie pas de se retrouver transformé en semoule après un tour de trop dans le robot.

1/3 de la crème de cajou aux cèpes se mélange au risotto. La crème restante se réserve pour se couler délicatement sur le risotto avec les cèpes réhydratés et des pluches de thym.

Avec un thé...

Bancha Hojicha, thé vert japonais torréfié du Palais des thés : très bien équilibré, long en bouche et très rond, il favorise une explosion des arômes ! Les notes vives et réglissées du panais, la douceur et la rondeur des cèpes sont enveloppées, comme compotées par le Bancha Hojicha. Il est bon d'ouvrir ses papilles, de les dilater avec une gorgée de thé avant de mettre le risotto en bouche... puis de revenir vers une gorgée de thé. Le thé va relancer les arômes du risotto... puis l'on reprend une nouvelle bouchée de risotto. Excellente dégustation !

ÉLOGE DES **PANAIS**

Tendres, croquants et suaves avec leurs parfums puissants et délicatement réglissés, ils sont irremplaçables dans certains risottos, purées et soupes... Ils s'accordent parfaitement avec les cèpes à la crème avec lesquels ils vivent une idylle... révélée dans L'instant Cru.

Ce risotto est une merveille tant les parfums des cèpes rebondissent avec ceux du panais. Là où un riz classique aurait joué son modeste rôle de faire-valoir de la sauce, le panais, détaillé en petits grains, ne se contente pas de donner platement la réplique à la crème... En plus de ses variations réglissées qui répondent avec esprit aux notes boisées des cèpes, il apporte une longueur en bouche qui, de par sa texture croquante et la mastication qu'elle engage, permet aux arômes de se déployer plus généreusement et de raconter leur histoire plus longtemps. C'est en sorte une révélation en 3D au cours de laquelle chaque bouchée procure des sensations nouvelles que je me permets de qualifier d'inédites.

SEMOULE DE CAROTTE À L'ORIENTALE

Réduites en semoule après quelques tours de robot, les carottes révèlent et déploient leurs parfums d'une façon incroyablement généreuse et inhabituelle. C'est la magie de la cuisine crue... dans sa plus innocente simplicité.

Préparation : 10 min

Pour 2-3 personnes

- 2 tasses (250 g) de carottes coupées en morceaux
- 1 cuil. à soupe d'huile d'argan
- 1/4 de tasse (25 g) de raisins secs
- 2 cuil. à soupe (30 ml) de jus d'orange ou 1 goutte d'huile essentielle de mandarine diluée dans l'huile
- 1 pincée de poudre de cumin
- 1 pincée de poudre de coriandre
- 1 pointe de piment de Cayenne
- Quelques feuilles de coriandre
- Poivre noir
- Sel

Pour servir (facultatif)

- 1/2 tasse de *Ricotta de macadamia express* (p. 60)

Les carottes et les raisins secs se laissent réduire en fine semoule dans un robot muni d'une lame en S.

Hors du robot, l'huile d'argan, le jus d'orange, le sel, le poivre et les épices viennent retrouver le mélange. Les feuilles de coriandre ciselées se déposent délicatement sur la semoule.

Avec un thé...

Mist Valley du Palais des thés, récolte de printemps : l'accord est superbe. Le profil floral, végétal et légèrement camphré de ce thé népalais se marie parfaitement avec la carotte et la met en valeur. La fine astringence que le thé développe en fin de bouche bouscule les notes plus sucrées de la carotte pour renforcer et prolonger son parfum.

ÉLOGE DE LA **CAROTTE**

La carotte recèle une très grande gamme de parfums et les révèle sans réserve lorsqu'elle échappe à la cuisson. Une purée de carotte crue déploie des notes aromatiques très émouvantes et inattendues. La carotte est mutine, tendre et joueuse, et aime flirter avec beaucoup d'épices et d'huiles essentielles. Parmi ses compagnons de jeu préférés : le poivre noir, le cumin, le piment de Cayenne, la mandarine, l'orange.

C'est si simple, si rapide… et si délicieux ! Les carottes ainsi détaillées en fine semoule se donnent beaucoup plus généreusement et librement que lorsqu'elles sont râpées… Leurs arômes se déploient merveilleusement en bouche. Avec un peu de *Ricotta de macadamia,* cette simple semoule est exquise.

VELOUTÉ DE **POIVRON FUMÉ**

Les notes fumées et acidulées de la sauce BBQ au thé du tigre subliment le piquant du poivron déjà attendri par la douceur de la noix de cajou…

Préparation : 15 min

Pour 2 personnes

- 2 tasses (200 g) de poivron coupé en lanières ou en tranches
- 1/2 tasse (50 g) de noix de cajou ou 1/3 de tasse (80 ml) de *Béchamel de cajou* (p. 54)
- 3 à 4 cuil. à soupe de *Sauce BBQ au thé du tigre* (p. 53)
- Eau selon la consistance désirée
- Sel tigre

Pour servir

- Quelques copeaux de Raw*mesan* (p. 121)
- Sel tigre

Tous les ingrédients bondissent dans la cuve d'un blender puissant pour devenir une soupe onctueuse. L'eau s'invite petit à petit au mélange pour ajuster le velouté de la soupe. Tout comme le sel tigre.

Cette soupe aime être parsemée de *raw*mesan et de quelques grains de sel tigre.

Elle demande à être bien mixée si les poivrons n'ont pas été débarrassés de leur peau, ou passée au chinois. Un excellent blender produit l'onctuosité recherchée sans renoncer à la précieuse peau des poivrons. Il faut bien sûr la goûter pour ajouter du sel, du doux, du piquant…

LE SEL **TIGRE**

Autant de sel que de thé du tigre se jettent en rugissant dans un moulin à café ou un petit blender puissant pour être transformés en « sel tigre ».

Avec un thé…

– Butterfly of Taiwan du Palais des thés, thé semi-oxydé : il apporte à la soupe des nuances boisées, épicées, tout en atténuant le pôle viande fumée. En retour, la soupe rehausse le bouquet fruité du thé qui résonne avec les notes de fruits rouges du poivron en les réchauffant, en les « compotant ».

– Thé du tigre, autre thé de Taïwan, qui entre dans la composition de la recette : il emporte et soutient tous les parfums de la soupe, en mettant en avant la note fumée tout en respectant les autres notes fruitées. Il n'est pas fréquent d'accorder à la dégustation d'un plat le thé qui a contribué à son élaboration mais le thé du tigre, dans la mesure où il est dilué à 10 g/l au lieu des 20 g/l selon la méthode de préparation classique, résonne de façon très intéressante et très accessible avec la soupe en permettant l'explosion des notes de viande et des épices au milieu de celles des fruits rouges.

SOUPE THAÏ

Une soupe on ne peut plus vivante et savoureuse, réalisée en quelques minutes, à base de jus de légumes, de fruits tout frais et de quelques épices.

Préparation : 15 min

Pour 2 personnes

Pour la soupe

- 2 cuil. à soupe (30 ml) de jus de citronnelle (voir p. 23) ou 1 goutte d'huile essentielle de citronnelle
- 1/2 tasse (120 ml) de jus de citron vert
- 1/2 tasse (120 ml) d'huile d'olive
- 2 tasses (500 ml) de jus de céleri
- 1/2 tasse (120 ml) de jus de carotte
- 1/2 tasse (120 ml) de jus de pomme
- 1/2 tasse (120 ml) de tamari
- 1/2 tasse (120 ml) de sirop d'agave
- 1 cuil. à soupe d'oignon rouge finement ciselé
- 1/2 cuil. à café de poudre d'anis étoilé
- 1 cuil. à soupe de miso
- 1 à 2 cm de gingembre réduit en jus
- 1 pincée de Cayenne

Pour la garniture

- 1/2 tasse (75 g) de courgettes en julienne
- 1/4 de tasse (80 g) de carotte en julienne
- 1/2 tasse (50 g) de pousses de soja ou autres pousses
- 1 tasse (150 g) de nouilles de kelp soigneusement rincées à l'eau citronnée
- 1/4 de tasse (30 g) de poivron rouge détaillé en très fine julienne
- 2 cuil. à soupe d'algue dulse en flocons séchés, ou fraîche et ciselée
- 1 cuil. à soupe de sésame noir
- 1/4 de tasse (1/2 botte) de coriandre ciselée
- 1/4 de tasse (1/2 botte) de basilic thaï ciselé
- Éclats de poivre noir

Utile ustensile

- 1 extracteur de jus à rotation lente
- 1 mandoline à lame ciselée

Les légumes et autres ingrédients de la garniture se tiennent prêts à bondir dans la soupe aussitôt que celle-ci aura été préparée.

Les jus de légumes et de fruits sont rapidement exprimés à l'aide de l'extracteur et se retrouvent dans la cuve d'un blender puissant pour être broyés intimement avec le reste des ingrédients de la soupe.

Après avoir été goûtée pour ajuster la proportion de ses épices, la soupe accueille tous les aliments de la garniture avant d'être immédiatement dégustée.

L'INSTANT… **VARIATION**

Le basilic thaï peut être remplacé par du basilic romain et additionné de feuilles d'estragon ciselées ou d'huile essentielle d'estragon. Les notes anisées de l'estragon donnent au basilic romain des accents thaï délicieux.

TARTARE D'ALGUES
ET GRAINES GERMÉES

Ce que la terre et la mer portent au monde jusque dans nos assiettes… Un délice palpitant de vie où les saveurs iodées jouent avec la fraîcheur des graines croquantes.

Préparation : 15 min

Trempage (algues séchées) : 15 min

Pour 2 personnes

- 3 tasses (720 ml) de graines germées ou de jeunes pousses (fenugrec, alfalfa, lentilles, fenouil…)

Pour le tartare d'algues

- 1/4 de tasse (60 ml) d'algues séchées en paillettes, mélange « salade de la mer » facile à trouver dans les magasins bio, réhydratées et soigneusement rincées ou 1 tasse d'algues fraîches soigneusement dessalées et rincées
- 1/4 d'oignon rouge ou 1/2 échalote
- 1 à 2 cuil. à soupe d'huile d'olive
- 1 cuil. à soupe de jus de citron

Tous les ingrédients du tartare d'algues se réunissent joyeusement dans la cuve du robot muni d'une lame en S et se laissent hacher docilement.

Le tartare d'algues est prêt à rejoindre les graines germées ou les jeunes pousses, à moins qu'il ne préfère se laisser tartiner sur des *Petits pains* (p. 44) ou des *Crackers* (p. 67).

Le tartare se conserve 1 semaine au réfrigérateur dans un récipient hermétique.

ÉLOGE DE L'**ALFALFA**

La plus petite et la plus vitale des graines. Son goût discret saura vous convaincre de rencontrer son vaste monde de germination et d'herbes tendres dont la puissance et la générosité n'ont d'égale que la simplicité. Prêtes à pousser facilement dans votre cuisine pour la transformer en jardin, les graines d'alfalfa germées potentialisent magiquement le pouvoir nutritionnel des graines dormantes tout en les rendant plus digestes et plus assimilables. Comment s'en passer ?

SPAGHETTIS DE COURGETTES À LA SAUCE NAPOLITAINE ET À LA BÉCHAMEL DE CAJOU

Des courgettes tendres et *al dente* avec une sauce chaleureuse dont les goûts plein de soleil rebondissent gaiement en bouche. À consommer à volonté pour se sentir léger et joyeux.

Préparation : 30 min

Pour 2 personnes

- 2 ou 3 courgettes selon la grosseur
- 1 tasse 1/2 (360 ml) de *Sauce napolitaine* (p. 50)
- 1 tasse (240 ml) de *Béchamel de cajou* (p. 54)

Utile ustensile

- 1 mandoline à julienne ou 1 excellent couteau ou 1 couteau économe

Les courgettes adorent se laisser détailler en spaghettis. Elles trouvent cela plus ludique et joyeux que de se retrouver dans un four ou une casserole...

Ainsi les spaghettis de courgettes s'alanguissent dans l'assiette pour se rouler dans la sauce napolitaine avant de se laisser recouvrir de béchamel de cajou et fondre sous la langue... ou résister tendrement... *al dente*.

L'INSTANT... **VARIATION**

Tagliatelles de courgettes à la sauce napolitaine et à la béchamel de cajou : les courgettes adorent aussi se laisser détailler en tagliatelles.

Avec un thé...

Delmas Bari, darjeeling, récolte d'été, du Palais des thés. Le thé réchauffe le plat tant en température qu'en saveur. Il rend le plat plus ample, plus uni, plus rond, plus gourmand. Le pôle vif fleuri caractéristique du thé résonne avec les notes camphrées de la sauce, se liant ainsi dès l'attaque et apportant l'élégance et la douceur de ses notes de fleurs blanches. Il s'accorde avec les parfums fruités, caramélisés, boisés, épicés, muscadés du plat et les renforce en mêlant en longueur ses nuances maltées, vanillées et des notes de fruits compotés. Le thé réchauffe aussi la béchamel, arrondit la muscade et le poivre noir, et de ses notes douces et fruitées donne des subtilités à la béchamel en la « typant » vraiment béchamel !

D'une grande simplicité, cette recette procure des sensations fortes d'une fraîcheur et d'une vivacité dont l'habitude des sauces à la tomate cuites nous a fait perdre le goût. Les goûts intacts et vifs de tous les légumes et de toutes les herbes sont présents et s'expriment individuellement tout en coexistant en harmonie. Les spaghettis, la sauce napolitaine et la béchamel de cajou servis séparément composent un équilibre de douceur et de vivacité.

KIMCHI

Une délicieuse version coréenne de notre choucroute qui allie la délicatesse du chou chinois à la puissance des piments.

Préparation : 10 min

Lacto-fermentation : au moins 3 à 5 jours

Pour 1 tasse (240 ml)

- 1 petit chou chinois découpé en lanières
- 1 cuil. à soupe de sel

Pour la mixture épicée

- 1/4 de tasse (30 g) de poivron coupé en julienne
- 1 cuil. à soupe d'oignon haché
- 2 cuil. à café de gingembre râpé
- 1/2 cuil. à café de piments finement émincés
- 1 cuil. à café de sirop d'agave

Les lanières de chou chinois se laisseront fermement masser avec le sel pour dégorger leur eau pendant 5 à 10 min. À défaut d'être massées, elles pourront être légèrement frottées avec le sel et laissées tranquilles environ 20 min pour rendre leur eau.

PRÉPARATION DE LA MIXTURE ÉPICÉE

Tous les ingrédients se jettent dans la cuve d'un mini-mixeur pour être réduits en petits morceaux, pas complètement en purée. Un peu d'eau rendue par le chou peut se joindre au mélange pour faciliter le mixage.

Les lanières de chou et la mixture épicée se retrouvent dans un bocal soigneusement rincé et suivent la même procédure que leur cousine la choucroute (voir Réussir la lacto-fermentation des légumes, p. 20).

CHOUCROUTE TOUTE SIMPLE

Une choucroute délicatement lacto-fermentée pour être dégustée telle quelle ou relever des salades, des sauces…

Préparation : 15 min

Lacto-fermentation : au moins 3 à 5 jours

Pour 2-3 personnes

- 4 à 6 tasses (500 g) de chou chinois découpé en lanières
- 2 cuil. à soupe de sel
- Quelques baies de genièvre à peine écrasées dans un mortier

Les lanières de chou et le sel se laissent tranquillement masser ensemble jusqu'à ce que le chou rende de l'eau.

Ils sont alors prêts à se glisser dans des bocaux très soigneusement lavés et rincés à l'eau bouillante afin d'être bien tassés au fond, recouverts de 1 à 2 cm de l'eau rendue.

Le bocal se laisse fermer hermétiquement par un couvercle – car la fermentation se fait à l'abri de l'air – et entreposer dans un endroit, tiède de préférence (la chaleur accélère la fermentation) pendant 3 à 5 jours (voir Réussir la lacto-fermentation des légumes, p. 20), voire jusqu'à 3 semaines pour une conservation à température ambiante.

L'enthousiasme chaleureux de ce kimchi ne laisse pas de doute... Il relèverait même une salade morte... c'est-à-dire pasteurisée ou irradiée... Mais nous lui souhaitons une mission plus noble. Celle d'égayer des salades assez vivantes pour danser la salsa et réchauffer les papilles et les cœurs...

FROMAGE FERMENTÉ DE BASE

Élaborés à partir de graines et de noix fermentées, les fromages végétaux sont à découvrir pour un dépaysement des papilles et un certain confort digestif.

Préparation : 15 min

Fermentation : 12 à 24 h

Pour 1 fromage moyen

- 1 tasse (130 g) de noix de macadamia
- 1 tasse (120 g) de noix de cajou
- 1/2 à 1 cuil. à café de probiotiques
- 3/4 de tasse (180 ml) d'eau

Après fermentation

- 2 cuil. à café de levure maltée
- 1/2 cuil. à café de sel

Tous les ingrédients de base se ruent dans la cuve d'un blender puissant pour atteindre une consistance crémeuse.

Le mélange est invité à se reposer dans le déshydrateur durant 12 h pour permettre la fermentation du fromage (ou jusqu'à 24 h à température ambiante).

Après fermentation, la levure maltée et le sel s'ajouteront à la préparation. Le fromage est prêt à être consommé.

L'INSTANT... **VARIATION**

Des herbes, des épices et d'autres condiments peuvent être ajoutés à ce fromage de base selon le goût souhaité.

Les véritables fromages français affinés, fabriqués avec talent et amour à partir de laits de vache, de chèvre ou de brebis, sont incomparablement plus « goûteux » que la plupart des fromages végétaux. Au-delà du plaisir de les imiter, L'instant Cru ne prétend pas rivaliser avec un tel patrimoine !

FOND DE TARTE POUR **PIZZA**

Une pâte à pizza qui peut rester moelleuse ou très croustillante selon les affinités… et même se laisser dévorer en crackers à l'apéritif ou en voyage.

Préparation : 10 min

Trempage (graines et noix) : jusqu'à 12 h (facultatif)

Déshydratation : 12 à 18 h selon la croustillance désirée

Pour 2-4 personnes ou 20 mini pizzas

- 1 tasse (120 g) de noix de pécan ou de Grenoble
- 1 tasse (125 g) de courgette jaune ou de courge butternut en dés
- 1 tasse (100 g) de graines de tournesol
- 1 cuil. à soupe de levure maltée
- 3 cuil. à soupe de graines de lin fraîchement moulues
- 1 cuil. à café de sel
- Herbes de Provence fraîches ou séchées
- Épices selon le goût

Tous les ingrédients, sauf le lin, se jettent joyeusement dans la cuve d'un robot muni d'une lame en S pour se réduire en une pâte pas trop lisse, avec encore quelques morceaux. Un peu d'eau peut être ajoutée si les graines et les noix n'ont pas été trempées. Le mélange accueille ensuite les graines de lin pour quelques tours de robot additionnels.

La pâte ainsi obtenue s'étale paresseusement sur une feuille Téflex pour se prélasser dans le déshydrateur environ 6 h avant de se retourner sur une grille pour 6 à 12 h supplémentaires.

L'INSTANT… **TECHNIQUE**

– Le temps de déshydratation dépend de la croustillance désirée et de l'épaisseur de la pâte, qui réduira beaucoup pendant la déshydratation. Une pâte de 8 mm d'épaisseur au départ, qui appréciera de rester un peu moelleuse, n'aura besoin que de 12 h de déshydratation.

– Au début de la déshydratation, et ce pendant 1 h, la température du déshydrateur peut être élevée à 60 °C pour permettre à la préparation encore très humide d'atteindre rapidement la température désirée de 42 °C sans macérer.

L'INSTANT… **VARIATION**

Cette pâte crue étonne toujours par sa croustillance et son délicat parfum d'herbes de Provence. Il est amusant d'en préparer une infinité de variations, en élargissant la gamme des légumes, des fruits, des graines et des oléagineux qui entrent dans sa composition, en ajoutant des épices en affinités avec les légumes choisis, des herbes fraîches ou séchées. Tout est possible en cuisine crue. Cette *terra* quasi *incognita* ne demande qu'à être explorée et enrichie de nos découvertes.

RAWMESAN

Des accents de fromages italiens avec des éclats de sel dans la douceur de la noix de cajou et la légère amertume boisée des pignons de pin.

Préparation : 15 min

Fermentation : 12 à 24 h

Déshydratation : 24 h

Pour 1 fromage moyen

- 1 tasse (120 g) de pignons de pin
- 1 tasse (120 g) de noix de cajou
- 1/2 à 1 cuil. à café de probiotiques
- 3/4 de tasse (180 ml) d'eau

Après fermentation

- 2 cuil. à café de levure maltée
- 1/2 cuil. à café de fleur de sel

Tous les ingrédients de base se mêlent suivant la recette du *Fromage fermenté de base* (p. 118) et le mélange est invité à fermenter au déshydrateur durant 12 h (ou jusqu'à 24 h à température ambiante).

La préparation obtenue après fermentation, additionnée de la fleur de sel et de la levure maltée, s'étalera en couche fine sur une feuille Téflex pour séjourner 12 h à la douce chaleur du déshydrateur, avant de se retourner sur la grille et se laisser sécher encore 12 h.

Le *raw*mesan sera alors prêt à se laisser fragmenter en petits copeaux, comme du parmesan. (Voir photo p. 119.)

FROMAGE FERMENTÉ **À LA FRANÇAISE**

Un fromage végétal avec beaucoup de caractère et des notes animales dignes d'un affinage poussé.

Préparation : 10 min

Prise au froid : 4 h

Pour 2-3 petits fromages ou 1 gros

- 1 tasse 3/4 de *Fromage fermenté de base* (p. 118)
- 3 cuil. à soupe de vin blanc
- 1 cuil. à soupe de levure maltée
- 1/2 tasse d'oignons séchés
- 1/2 cuil. à café de sel
- Poivre noir

Tous les ingrédients se retrouvent dans la cuve d'un blender puissant pour se laisser mixer intimement en un fromage onctueux prêt à se couler dans des emporte-pièces ronds ou carrés avec poussoir et à se reposer pour se raffermir et s'affiner ensuite au réfrigérateur ou à température ambiante. (Voir photo p. 119.)

MOZZA*RAWLA*

Sa douceur lactée, salée, et sa consistance ferme et moelleuse rappellent le fromage italien au lait de bufflone... Cette mozz*araw*la prend véritablement son sens accompagnée de tomates, d'huile d'olive et de basilic.

Préparation : 15 min

Trempage (noix de coco) : 4 h

Prise au froid : 20 min

Pour 8-10 personnes

- 1 tasse (240 ml) d'eau
- 1 cuil. à café 1/2 d'agar-agar
- 1 tasse (115 g) de noix de cajou
- 1 tasse (70 g) de copeaux de jeunes noix de coco séchés, puis réhydratés et soigneusement rincés
- 1/4 de cuil. à café de sel
- Huile d'olive (pour les moules)

Utiles ustensiles
- Des verres à pied en guise de moules

L'eau, après s'être laissée porter quelques secondes à ébullition, refroidit tranquillement, additionnée de la poudre d'agar-agar diluée.

Pendant ce temps, tous les autres ingrédients se ruent dans la cuve d'un blender puissant pour être intimement mixés en une crème onctueuse.

Le mélange eau/agar-agar encore tiède et pas encore pris en gelée se joint à la crème tandis que les lames du blender tournent encore.

La préparation se coule rapidement dans les verres à pied tapissés d'huile d'olive avant de se raffermir au réfrigérateur.

L'INSTANT... **VARIATIONS**

– La même préparation peut se verser dans un moule carré en une couche d'environ 1,5 cm et se laisser découper en cubes. Ces cubes pourront avantageusement remplacer le tofu dans certaines préparations, à moins qu'ils ne préfèrent prendre un peu de caractère et de parfums en séjournant dans une huile d'olive mêlée à des herbes de Provence séchées.

– En lamelles, la mozz*araw*la se calera entre une tomate et une olive sur une *Pizza* (p. 90).

CHIPS DE **KALE** AU CURRY

Ou comment faire aimer le chou aux enfants… Croquantes et pleines de saveurs, ces chips de chou nouvelle génération plaisent énormément.

Préparation : 10 min

Déshydratation : 12 h

Pour 2 plaques

- 350 g de chou kale

Pour la crème au curry

- 1 tasse (110 g) de noix de cajou ou de graines de tournesol germées
- 1/2 tasse (120 ml) d'eau
- 1 cuil. à soupe de curry
- 1 pincée de piment de Cayenne
- 3/4 de cuil. à café de sel

Facultatif mais bienvenu

- 1/2 poivron coupé en dés
- 1/2 oignon
- 1/2 gousse d'ail pelée

Les feuilles de chou kale se débarrassent de leurs tiges (elles seront utilisées pour faire des jus).

Les autres ingrédients se jettent dans la cuve d'un blender puissant pour se transformer en crème au curry assez épaisse. Quelques éclats de cajou peuvent résister au broyage pour égayer les chips.

Les feuilles de chou se roulent dans la crème au curry, s'imprègnent bien en se laissant malaxer et masser profondément, avant de s'étaler mollement sur la grille du déshydrateur. Deux plaques suffiront pour les recevoir. Après 12 h, ces chips de chou seront croustillantes (voir La déshydratation, p. 10 et p. 27).

Elles se conservent dans un récipient hermétique.

L’INSTANT...
SUCRÉ

CARAWMEL TENDRE

Un car*aw*mel tout cru et tout tendre dont les notes beurrées et vanillées sont délicatement soutenues par une texture soyeuse.

Préparation : 10 min

Pour 1 tasse 1/3 (300 ml)

- 1/2 tasse (120 ml) de sirop d'érable ou de sirop d'agave cru
- 1/2 tasse (120 ml) d'huile de coco solidifiée
- 1/3 de tasse (70 g) de beurre d'amande (voir p. 15)
- 1/4 de cuil. à café d'extrait de vanille
- 1/4 de cuil. à café de sel

Tous les ingrédients se coulent dans la cuve d'un robot muni d'une lame en S pour se mêler intimement en un ca*raw*mel onctueux et irrésistible. Le broyage sera minutieux et durera au moins 5 min.

Crémeux lorsqu'il est tiède ou à température ambiante et dur lorsqu'il est froid, ce ca*raw*mel est toujours prêt à se laisser déguster tel quel ou à se couler au creux d'une tarte, au cœur d'un gâteau ou entre un fruit et une crème.

Ce ca*raw*mel est un ovni : ses parfums comme sa texture sont ceux du caramel traditionnel et pourtant sa préparation ne nécessite ni beurre, ni sucre de canne, ni cuisson. Alors ? Alors il est révolutionnaire tant par le caractère inédit des sensations qu'il procure que par sa nature purement végétale. Il est irrésistible tel quel et se glisse merveilleusement entre un *Fond de tarte aux amandes et au cacao* (p. ci-contre) et une *Ganache pur cacao* (p. 158)... Je l'aime trop !

FOND DE TARTE
AUX AMANDES ET AU CACAO

Un fond de tarte corsé et croustillant qui n'attend qu'une ganache au pur cacao pour révéler tous ses arômes.

Préparation : 10 min

Prise au froid : 3 h
ou 30 min au congélateur

Pour 6-8 personnes

- 3/4 de tasse (75 g) de poudre de cacao cru
- 3/4 de tasse (100 g) d'amandes
- 1/2 tasse (55 g) de sucre de fleur de coco
- 1/4 de tasse (60 ml) d'huile de coco liquéfiée
- 1 grosse pincée de sel

Utile ustensile
- 1 moule à fond amovible (Ø 20 cm)

Tous les ingrédients excepté l'huile de coco se retrouvent dans la cuve d'un robot muni d'une lame en S.

Ils se laissent broyer finement par pulsions successives afin d'éviter que les amandes ne rendent de l'huile (ce qu'il est facile de guetter sur les parois de la cuve du robot). La préparation aime rester sèche et sableuse.

L'huile de coco rejoint enfin le mélange avant de se laisser broyer à nouveau légèrement.

La préparation est prête à tapisser généreusement le fond du moule en s'aplatissant le plus possible de façon à former une croûte dure et résistante (voir p. 15).

Elle durcira encore au réfrigérateur, bien protégée par un film alimentaire ou dans une boîte hermétique.

L'INSTANT... **VARIATION**

Fond de tarte aux noisettes et au cacao : les noisettes se substituent aux amandes.

Un fond de tarte étonnant par son épaisseur, son croquant et son arôme de cacao corsé sans concession. Il sait s'entendre parfaitement avec une ganache, qui rivalise avec lui de pureté et de force, et aime flirter avec le *Carawmel tendre* (p. ci-contre) qui adoucit sa puissance tout en la mettant en valeur. Ensemble, ils sont la main de fer dans un gant de velours...

GANACHE **TRÈS CHOCOLAT**

Une ganache qui n'a rien à envier aux ganaches traditionnelles... Ses arômes de cacao pur et sa texture absolument brillante et lisse nous donnent la sensation de redécouvrir le chocolat... Tout simplement.

Préparation : 10 min

Pour 3 tasses (720 ml)

- 1 tasse (240 ml) de sirop d'érable ou de sirop d'agave cru
- 1 tasse 1/2 (165 g) de poudre de cacao cru
- 1/2 tasse (120 ml) de beurre de cacao liquéfié
- 1 pincée de café soluble

Tous les ingrédients se versent dans la cuve d'un blender puissant pour se mêler intimement en une ganache soyeuse, brillante et lisse.

Cette ganache (plus consistante que la *Ganache pur cacao*, p. 158), est impatiente de se couler sur un fond de tarte ou d'entrer dans la composition de desserts... tant qu'elle est encore tendre, car elle durcit rapidement.

GANACHE **TRÈS VANILLE**

Toute en douceur avec ses parfums sensuels et chauds de chocolat blanc et toute en force et en gourmandise... D'une consistance épaisse et soyeuse qui se plaît à prendre son temps pour fondre en bouche...

Préparation : 10 min

Pour 2 tasses (500 ml)

- 1/2 tasse (120 ml) de sirop d'érable ou de sirop d'agave cru
- 1 tasse 3/4 (200 g) de noix de cajou
- 1/4 de tasse (60 ml) de beurre de cacao liquéfié
- 1 cuil. à soupe (15 ml) d'huile de coco liquéfiée
- 2 cuil. à soupe (30 ml) d'eau
- 1/4 de cuil. à café d'extrait de vanille
- 1/4 de cuil. à café de sel

Tous les ingrédients se coulent dans la cuve d'un blender puissant pour se mêler intimement en une ganache soyeuse. La préparation est alors prête à être utilisée.

COMME UNE **NOUGATINE**

Une texture croustillante délicatement pralinée qui soutient merveilleusement toutes les ganaches... crues !

Préparation : 15 min

Prise au froid : 10 min au congélateur

Pour 3 tasses, soit 8-10 personnes

- 1 tasse (110 g) de poudre de cacao cru
- 1 tasse (140 g) d'amandes
- 1/2 tasse (55 g) de sucre de fleur de coco
- 1/4 de tasse (60 ml) de beurre de cacao liquéfié
- 1 cuil. à soupe d'huile de coco
- 1 grosse pincée de sel

Tous les ingrédients, excepté l'huile de coco, se retrouvent dans la cuve d'un robot muni d'une lame en S et se laissent broyer en un sable grossier et texturé (les amandes ne tiennent pas à être réduites en morceaux trop fins ni à rendre de l'huile).

L'huile de coco retrouve le mélange pour quelques tours de robot supplémentaires.

Le « sable » est prêt à tapisser les moules ou les formes choisis.

Il durcira 10 min au congélateur, bien protégé par un film alimentaire ou dans une boîte hermétique.

BÛCHE DE NOËL

Une bûche qui réjouit tous les palais en alliant la tendresse enfantine d'une ganache au chocolat blanc très vanille avec la force d'une ganache noire riche en cacao brut. Une version crue inédite dans le respect des traditions… en apparence seulement !

Préparation : 45 min

Prise au froid : 30 min + 1 h au congélateur

Pour 10 personnes

- 3 tasses (720 ml) de *Comme une nougatine* (p. 131)
- 2 tasses (500 ml) de *Ganache très vanille* (p. 130)
- 3 tasses (720 ml) de *Ganache très chocolat* (p. 130)

Utiles ustensiles

- 1 rouleau à pâtisserie
- 1 poche à douille

Le mélange *Comme une nougatine* encore sableux s'amalgame autour du rouleau à pâtisserie entouré d'un film alimentaire pour former un cylindre pas tout à fait fermé. Un deuxième film alimentaire vient adhérer sur le cylindre pour permettre un amalgame parfait.

Pendant que la *Ganache très vanille* se prépare, le cylindre de nougatine séjourne 10 min au congélateur afin de durcir suffisamment pour accueillir la ganache. Le cylindre durci glissera ensuite le long du rouleau à pâtisserie pour s'en affranchir.

La *Ganache très vanille* coulée dans une poche à douille vient remplir le cylindre durci par le froid. La bûche ainsi remplie et solidifiée 20 min au réfrigérateur à son tour peut se retourner sur un plat de service et offrir la rondeur de sa forme à la *Ganache très chocolat.*

À l'aide d'une poche à douille, une quantité suffisante de *Ganache très chocolat* recouvrira la bûche tout entière et se laissera strier par une fourchette pour imiter les lignes du bois… avant de retourner se fixer 1 h au congélateur. Ainsi la tradition est respectée !

L'INSTANT… **TECHNIQUE**

– Si le cylindre de nougatine se brise (même à plusieurs endroits) lors de sa séparation d'avec le rouleau, pas d'inquiétude : les ganaches, en le remplissant et en durcissant sur ses parois gelées, le maintiendront. Il sera très facile de former une bûche à l'aide du froid. Les ganaches sont épaisses et conçues pour supporter la température ambiante sans s'effondrer.

– Il est possible que seule une petite quantité de *Ganache très chocolat* soit utilisée pour combler la bûche à la suite de la *Ganache très vanille* ou que les ganaches s'entremêlent à votre guise…

Avec un thé…

Jukro, thé rare du Palais des thés : les ganaches sont encore plus gourmandes, plus rondes, avec leurs notes beurrées et vanillées accentuées, et le thé devient encore meilleur. Il s'agit là d'un très bel accord entre un thé et un dessert exceptionnels.

Avec un vin…

Cuvée Luxure 2011, Mas de Martin, vin de France : face à la richesse de la bûche, la sucrosité du vin sert surtout de support à l'expression d'une corbeille de fruits rouges et noirs irrésistible de gourmandise.

FOND DE TARTE POUR **CHEESECAKE**

Un fond de tarte tout cru, rapide à préparer, pour révéler la douceur acidulée et lactée des cheesecakes avec la note boisée et caramélisée des noix de pécan et les saveurs gourmandes des noix de cajou.

Préparation : 10 min

Prise au froid : 15 min

Pour 8-10 personnes

- 2 tasses (240 g) de noix de pécan ou de Grenoble trempées et déshydratées de préférence (facultatif)
- 2 tasses (240 g) de noix de cajou
- 2 cuil. à soupe de sirop d'érable ou de sirop d'agave cru ou 2 cuil. à soupe de fruits séchés en accord avec le gâteau final
- 2 cuil. à soupe d'huile de coco liquéfiée
- 4 cuil. à café de jus de citron
- 1/2 cuil. à café de sel

Utile ustensile

- 1 moule à charnière ou à fond amovible (23 x 23 cm)

Les noix de cajou se jettent dans la cuve du robot muni d'une lame en S jusqu'à devenir farine sans faire de l'huile.

Elles sont rejointes par les noix (qui rendraient de l'huile plus vite car elles sont plus friables) pour quelques pulsations de broyage dans le robot, puis par les autres ingrédients pour devenir comme un sable grossier qui s'amalgame sous la pression des doigts (voir p. 15).

Le mélange est prêt à être bien tassé au fond d'un moule avant d'être durci 15 min au réfrigérateur pour accueillir un *Fromage de noix de macadamia et de cajou au citron* (p. 160) ou toute autre préparation.

COULIS DE FRAMBOISES OU DE FRUITS ROUGES

L'éclat des fruits rouges adouci d'un peu de sirop d'agave, pour un coulis vif et suave.

Préparation : 5 min

Pour 1 tasse 1/2 (360 ml) de coulis

Version aux fruits frais
- 2 tasses (250 g) de framboises ou de fruits rouges frais
- 1/2 tasse (120 ml) de sirop d'agave

Version aux fruits surgelés
- 2 tasses (250 g) de framboises ou de fruits rouges surgelés
- 3/4 de tasse (180 ml) de sirop d'agave cru

Utile ustensile
- 1 passoire

Les fruits frais ou décongelés se jettent dans le blender avec le sirop d'agave pour se transformer en onctueux coulis.

Un passage à travers une passoire leur permettra de se débarrasser de tous les petits grains superflus.

Prêts à dégouliner sur un cheesecake, un parfait, un fromage de noix ou de graines, une crème...

Ce coulis de framboises ou de fruits rouges se conserve très bien au congélateur. Il peut ainsi venir au secours d'un fruit un peu décevant. Les mangues, reines des fruits et absolument exquises lorsqu'elles sont mûres à point, peuvent ne pas être au top de leur forme lorsqu'elles arrivent dans notre cuisine. Elles apprécieront particulièrement d'être soutenues par un coulis de fruits rouges, comme beaucoup d'autres fruits.

CHEESECAKE AUX FRAMBOISES

La douceur lactée des noix de cajou, la texture fromagée des noix de macadamia, la douceur acidulée de la framboise au cœur du gâteau... des sensations dignes des cheesecakes les plus raffinés.

Préparation : 10 min

Prise au froid : 12 h

Pour 8-10 personnes

- 2 tasses (500 ml) de *Fond de tarte pour cheesecake* (p. 134) encore sableux
- 3 tasses (720 ml) de *Fromage de noix de macadamia et de cajou au citron* (p. 160)
- 2 belles tasses (250 g) de framboises fraîches ou surgelées

Pour servir

- *Coulis de framboises ou de fruits rouges* (p. 135) (facultatif)

Utile ustensile

- 1 moule à charnière ou à fond amovible (23 x 23 cm)

La pâte du fond de tarte, encore en sable grossier, s'écrase humblement au fond du moule avant de se raidir 15 min au froid pour accueillir une première couche de fromage.

Les framboises s'enfoncent douillettement dans le fromage.

Le reste du fromage recouvre les framboises. Le gâteau apprécie à ce stade l'intervention d'une spatule pour que tous les ingrédients soient bien tassés sans laisser de bulle d'air à l'intérieur du gâteau, avant d'aller prendre consistance 12 h au réfrigérateur.

Le coulis de framboises ou de fruits rouges se tient prêt à napper le gâteau le moment venu.

Avec un thé...

Dong ding du Palais des thés : il développe ses notes beurrées et arrondit les notes lactées des noix. Les parfums de fleur blanche du thé mettent en valeur ceux de la framboise qui devient encore plus riche et délicate, emportée par les nuances végétales du thé.

Avec un vin...

Cuvée Luxure 2011, Mas de Martin, vin de France : ce vin naturellement doux affiche un joli volume en bouche, déployant son soyeux tout en préservant une certaine fraîcheur. C'est un festival de fruits rouges et noirs, de figue et de pâte de fruit... comme un coulis, lequel forme un superbe accord avec le cheesecake. La texture sirupeuse du vin, ainsi que les notes de fruits rouges et noirs à l'eau-de-vie de ce grenache surmûri, s'accordent avec beaucoup de gourmandise et d'esprit.

Cuvée Blanc de noirs, Champagne Fleury, Champagne : l'accord avec ce vin joue sur deux registres. Le premier concerne la texture crémeuse du cheesecake, afin de dégraisser et d'alléger la bouche grâce aux bulles du champagne. Le second a trait à l'aromatique qu'un blanc issu de pinot noir rend particulièrement intéressant. En plus de souligner la framboise du coulis grâce à ses arômes de petits fruits rouges, la présence de notes plus atypiques telles que la rose ou le miel de lavande viennent amplifier le dessert. Un champagne sensuel et puissant, qui accompagne voluptueusement le cheesecake.

Ce gâteau est un pur délice. Il est idéal pour initier ses amis aux merveilles d'une cuisine crue et sans produits laitiers... et de faible indice glycémique. Je me réjouis à chaque fois de le faire découvrir et ne me lasse jamais d'accueillir l'émerveillement et les compliments qu'il inspire.

CRÈME **CARAWMEL**

Tout simplement parée de vanille ou parfumée pour sortir des sentiers de l'enfance, cette crème *carawmel* renouvelle – sans lait, ni œuf ni même sucre caramélisé…, mais avec beaucoup d'esprit –, un classique de la tradition culinaire française.

Préparation : 15 min

Prise au froid : 10 min + 10 min au congélateur

Pour 3 à 6 ramequins

- 1/4 de tasse (60 ml) de sirop d'érable
- 1/3 de tasse (40 g) de noix de cajou
- 3 cuil. à soupe (45 ml) d'huile de coco liquéfiée
- 1/4 de tasse (60 ml) de sirop d'agave cru
- 1 + 1/2 tasse (240 + 120 ml) d'eau
- 1/4 de cuil. à café d'extrait de vanille
- 1/8e de cuil. à café de curcuma pour la couleur
- 1/2 cuil. à café (1,2 g) d'agar-agar
- 1 pincée de sel

Utile ustensile

- 3 à 6 ramequins ou empreintes en silicone

Le sirop d'érable se coule au fond de chaque ramequin avant de durcir 10 min au congélateur le temps que la crème se prépare.

La poudre d'agar-agar se dilue parfaitement dans 1 tasse d'eau qui se laisse porter à ébullition quelques secondes avant de refroidir. Le liquide aura besoin d'être remué de temps en temps au cours de son refroidissement.

Pendant ce temps, tous les autres ingrédients et la 1/2 tasse d'eau restante se coulent dans la cuve d'un blender puissant pour se mêler intimement en un liquide soyeux. Le mélange agar-agar/eau encore tiède se glisse dans le blender alors que les hélices tournent à grande vitesse.

La préparation est prête à couler dans les petits pots tout froids tapissés du sirop d'érable bien durci. Après 10 min dans le réfrigérateur, la crème *carawmel* est prise et prête à être dégustée.

L'INSTANT… **VARIATION**

– Cette crème est légère et délicieuse, avec un doux parfum de vanille. Mais il est très simple (à la place de la vanille) d'infuser de la verveine, du thym, de la citronnelle, des zestes d'agrume ou de la lavande dans l'eau qui accueillera l'agar-agar, ou même d'ajouter avec parcimonie 1 ou 2 gouttes d'huile essentielle de rose, d'ylang-ylang… À moins qu'un peu de poudre de safran, de café ou de cacao ne vous inspire.

– Un *Coulis de fruits rouges* (p. 135), une *Ganache pur cacao* (p. 158) allongée en sauce avec de l'eau ne demandent qu'à accompagner cette crème à la simplicité partageuse.

Crèmes carawmel au cacao, au café, à la vanille.

CRÈMES **NON BRÛLÉES**

Sans crème fraîche, sans œuf, ni sucre brûlé… mais non sans insolence, cette crème rebelle au feu défie brillamment la tradition culinaire française. Que ceux qui brûlent d'envie de la conquérir s'arment d'un blender puissant…

Préparation : 10 min

Prise au froid (facultatif) : 15 min

Pour 4-6 personnes

- 1 tasse (110 g) de noix de cajou
- 1/2 tasse (120 ml) d'eau
- 3 cuil. à soupe (45 ml) de sirop d'agave cru ou de sirop d'érable
- 1/2 tasse (120 ml) d'huile de coco liquéfiée
- 1/8e de cuil. à café de curcuma pour la couleur
- 1/4 de cuil. à café d'extrait de vanille
- 1 pincée de sel

Pour le décor (facultatif)

- 1 cuil. à soupe de sirop d'érable
- 1 cuil. à soupe de sucre de fleur de coco

Utile ustensile

- 4 à 6 ramequins à crème brûlée

Tous les ingrédients se coulent dans la cuve d'un blender puissant afin de se mêler intimement en une crème d'une parfaite onctuosité. La crème est prête à remplir des ramequins à crème brûlée ou des petits pots.

Cette crème se déguste moelleuse, juste tiédie par les mouvements du blender ou bien prise au froid après un séjour 15 min dans le réfrigérateur. Elle se conserve au froid, bien entendu. N'ayant pas subi les outrages du feu, elle assumera fièrement sa nudité sans chercher à imiter les stigmates de la cuisson.

À moins qu'elle ne renonce pas à la coquetterie de se parer, à la surface, de 1 filet de sirop d'érable et de 1 pincée de sucre de fleur de coco.

L'INSTANT… **VARIATION**

Bien que rebelle à la tradition, cette crème non brûlée adoptera tendrement la douceur de la vanille, sa compagne de toujours. Mais son tempérament aventurier la portera vers des fragrances plus audacieuses sublimées par des huiles essentielles de lavande, de thym, de verveine, de bergamote, d'ylang-ylang, de rose ou même de jasmin… À moins que des poudres de safran, de fève tonka, de poivre du Sichuan ou d'autres épices ne la séduisent en chemin, en lieu et place de la vanille.

L'INSTANT… **TECHNIQUE**

Les huiles essentielles s'utilisent avec parcimonie : à peine 1 goutte suffit pour distraire la préparation. Il est recommandé de la diluer dans de l'huile de coco ou du sirop d'agave avant de l'introduire précautionneusement dans la crème, en prenant soin de la goûter.

*De haut en bas :
au géranium rosat, à la verveine,
à la fleur d'oranger, au jasmin, à la lavande.*

POMMES AU CARAWMEL

Des pommes *carawmélisées* sans beurre, ni sucre, ni cuisson. Seulement la délicatesse sauvage du sirop d'érable et la douce chaleur d'une déshydratation en deçà de 42 °C… C'est toute la magie de L'instant Cru.

Préparation : 10 min

Déshydratation : 12 à 24 h

Pour 4 personnes

- 4 à 6 belles pommes

Pour le carawmel

- 1 tasse 1/2 (360 ml) de sirop d'érable ou de sirop de pomme cru
- 1/2 tasse (120 ml) d'huile de coco
- 1/4 de cuil. à café de sel
- 1/2 cuil. à café d'extrait de vanille

Utile ustensile

- 1 mandoline à lame droite

Le *carawmel* se prépare pour accueillir les pommes : dans un blender, le sirop d'érable se coule avec l'huile de coco ramollie, le sel et la vanille pour se laisser mixer en un *carawmel* clair et soyeux, encore liquide.

Les pommes se laissent détailler en rondelles à la mandoline pour se glisser dans le plateau du déshydrateur ou tout autre plateau à rebords hauts de 1 cm au minimum et se laisser recouvrir de *carawmel*. Le *carawmel* va sécher à la douce chaleur du déshydrateur et rendre les pommes fondantes.

Avec un thé…

Butterfly of Taiwan du Palais des thés : l'accord est terriblement gourmand. Les notes se fondent et se confondent…

Avec un vin…

Huebuhl 2008, Domaine Marcel-Deiss, Alsace : Deiss frappe très fort sur cet accord avec un vin superbe. Ce grand liquoreux ne joue pas le registre de la puissance. Sur le beau millésime 2008, l'acidité magnifique de ce vin apporte un équilibre. Le nez renforce la gourmandise étonnamment parfumée de ce dessert avec une note dominante de pomme façon Tatin, tandis que la bouche donne de l'onctuosité mais également de l'allant et de la fraîcheur. Un accord d'une gourmandise et d'une volupté totales.

Ces pommes sont surprenantes. Tous les parfums des pommes crues, au nez et à la bouche sont préservés, même amplifiés par la douce et respectueuse déshydratation. La texture n'en est pas moins fondante, moelleuse, *carawmelisée*. Vous aurez probablement de la peine à convaincre les gourmands qu'elles sont sans cuisson et sans beurre… et sans sucre de canne. Et pourtant ! Les pommes des sœurs Tatin les regardent avec béatitude et leur reconnaissent sans conteste un lien de parenté indiscutable. Les temps changent…

CROUSTILLANTS DE SÉSAME BLOND AU MIEL

Irrésistiblement croustillants, alliant la délicate amertume du sésame à la douceur enfantine du miel.

Préparation : 15 min

Déshydratation : 20 h

Pour 30 pièces

- 1 tasse (130 g) de graines de sésame blond
- 3/4 de tasse (180 ml) d'eau
- 1/4 de tasse (45 g) de graines de lin doré fraîchement moulues
- 3 cuil. à soupe (45 ml) de miel liquide
- 1 pincée de sel

Tous les ingrédients se rejoignent joyeusement dans la cuve d'un robot muni d'une lame en S et se laissent mixer rapidement pour former une purée qui s'étalera nonchalamment en couche fine sur 1 à 3 feuilles Téflex selon l'épaisseur des tuiles ou des rouleaux désirée.

Pour des tuiles très fines, 3 feuilles Téflex peuvent se laisser recouvrir de préparation. Pour des rouleaux, 1 ou 2 feuilles suffiront pour que les rectangles de pâte s'enroulent facilement autour de cylindres pour sécher sans se briser.

Après 6 à 8 h dans la douce chaleur du déshydrateur, selon son épaisseur, la préparation est prête à se laisser retourner délicatement sur la grille et à se laisser découper délicatement aux ciseaux en rectangles de la taille désirée. Les rectangles de pâte peuvent s'enrouler tendrement autour de cylindres pour en épouser la forme en séchant avant de s'en détacher pour parfaire leur séchage pendant plus ou moins 12 h, selon l'épaisseur... (voir p. 27).

Les rouleaux se laisseront docilement fourrer de crème, de fruits ou de fromage, à la dernière minute pour ne pas compromettre leur croustillance ni se laisser ramollir par le fourrage. Les tuiles se laisseront superposer à la dernière seconde avec des fruits, de la crème ou toute autre préparation salée ou sucrée.

L'INSTANT...**TECHNIQUE**

La croustillance des tuiles et des rouleaux se préserve dans des boîtes hermétiques et se ravive en 1 h à la chaleur douce et soufflante du déshydrateur.

Le délicat goût de miel s'accorde parfaitement avec des saveurs salées ou sucrées, des fruits un peu acides comme les framboises ainsi que des crèmes sucrées ou des fromages salés, le tout au cœur d'une salade de pousses et d'herbes. Un peu de miel peut venir napper la préparation finale.

CROUSTILLANTS DE SÉSAME BLOND AUX **POMMES CARAWMÉLISÉES**

Irrésistiblement croustillants, alliant la délicate amertume du sésame à la gourmandise des pommes ca*raw*mélisées... mais crues ! Un *must*.

Préparation : 30 min
Déshydratation : 15 h

Pour 10 pièces

- 30 *Croustillants de sésame blond au miel* (p. 143) en forme de tuiles rectangulaires
- 2 tasses (500 ml) de *Pommes au carawmel* (p. 142)

Les pommes au ca*raw*mel se posent délicatement sur le tiers ou la moitié des tuiles en conservant leur « froissé » et se laissent recouvrir par une autre tuile croustillante... 2 ou 3 superpositions peuvent ainsi se construire – à la dernière minute, pour ne pas menacer la croustillance des tuiles...

Avec un thé...

Butterfly of Taiwan du Palais des thés : l'accord est terriblement gourmand. Les notes se fondent et se confondent...

Avec un vin...

Huebuhl 2008, Domaine Marcel-Deiss, Alsace : Deiss frappe très fort sur cet accord avec un vin superbe. Ce grand liquoreux ne joue pas le registre de la puissance. Sur le beau millésime 2008, l'acidité magnifique de ce vin apporte un équilibre. Le nez renforce la gourmandise étonnamment parfumée de ce dessert avec une note dominante de pomme façon Tatin, tandis que la bouche donne de l'onctuosité mais également de l'allant et de la fraîcheur. Un accord d'une gourmandise et d'une volupté totales.

ÉLOGE DES **POMMES**
Comme les roses et les femmes – et malgré les centaines de variétés qui les représentent –, toutes les pommes sont toujours LA pomme, « ni tout à fait la même, ni tout à fait une autre... ». Derrière l'apparence banale, presque simpliste, qui fait d'elles l'hologramme conceptuel du fruit par excellence, elles nous rappellent que l'univers est dans tout, abritant discrètement un pommier ou une infinité... avec l'humilité ou la malice de sembler l'ignorer. Si la croquer, c'est (la) connaître, une simple déshydratation en dessous de 42 °C concentre si fortement ses parfums et ses sucres qu'on la croit ca*raw*mélisée.

CRUMBLES

Tous les fruits sont rois dans ces crumbles et en toutes saisons. La tradition anglo-saxonne se renouvelle crûment, divinement… en échappant à l'irrémédiable brûlure.

Préparation : 15 min

Pour 4-6 personnes

- 2 tasses (500 ml) de fruits frais
- 3/4 de tasse (180 ml) de fruits séchés, excepté les graines oléagineuses et les noix
- 1 tasse de *Sable pour crumble* (p. 153)

Les fruits secs se présentent les premiers dans la cuve du robot muni d'une lame en S, accompagnés d'une petite portion (ou de jus) des fruits frais afin d'être réduits en purée grossière et encore texturée.

Puis les morceaux de fruits frais les retrouvent pour se laisser broyer moins violemment et conserver une certaine contenance avec quelques morceaux…

Ils s'allongeront dans un plat de service pour se laisser recouvrir de sable pour crumble.

ALLIANCES HEUREUSES

– Les pommes comploteront avec des abricots secs.

– Les poires partageront la cuve du robot avec des pruneaux et quelques zestes d'orange (1 pointe de cannelle se glissera alors dans le sable pour crumble).

– Toutes les sortes de prunes, même un peu acides, se laisseront mixer avec des raisins secs pour échanger un peu de vivacité contre de la douceur.

– Les pêches et les abricots rechercheront la compagnie de baies rouges séchées comme les airelles, les *cranberries* (canneberges), les baies de goji.

– Les fraises et les framboises, comme tous les fruits rouges frais, aimeront tempérer leur acidité avec des fruits fermes comme les bananes, les pommes ou les mangues et se marieront volontiers avec des fruits secs exotiques comme les mangues séchées, les ananas séchés, les litchis…

– Les fruits d'hiver comme les pommes, les bananes, les poires, les kiwis, les kakis ou les mangues pourront tous se retrouver dans la cuve d'un robot à condition que les y rejoignent des dattes, des raisins secs, des abricots secs ou tout autre fruit sec qui leur apportera la douceur d'une saveur sucrée.

– Les fruits frais seront comme en famille avec leurs semblables séchés. Ainsi les abricots frais renoueront avec les abricots secs, les pommes fraîches avec les pommes séchées, etc., pour que, hors du feu, la vivacité des fruits crus « se compote » avec la suavité des fruits secs.

GÂTEAU AU **CACAO CORSÉ** ET AU CARAWMEL TENDRE

La douceur enfantine du *carawmel* tendre qui se glisse entre le croquant et l'onctuosité d'un cacao pur et corsé…

Préparation : 30 min

Prise au froid : 3 h
ou 30 min au congélateur

Pour 8-10 personnes

- 2 tasses (500 ml) de *Fond de tarte aux amandes et au cacao* (p. 129)
- 1 tasse 1/3 (320 ml) de *Carawmel tendre* (p. 128)
- 4 tasses (920 ml) de *Ganache pur cacao* (p. 158)

Utile ustensile

- 1 moule rond (Ø 20 cm) ou carré, à charnière ou à fond amovible

Le fond de tarte sableux vient tapisser le moule et s'écraser fermement dans le fond avant de durcir au réfrigérateur en attendant que le ca*raw*mel se fasse lisse et soyeux.

Le ca*raw*mel vient tendrement recouvrir le fond de tarte enfin durci. Les deux retournent se reposer au frais en attendant la superbe ganache qui fait montre d'une irrésistible onctuosité. Avant de s'étendre sur le ca*raw*mel, elle doit s'assurer qu'il est suffisamment durci pour l'accueillir sans fondre, surtout si les tours de blender l'ont un peu réchauffée.

Le gâteau séjournera au moins 3 h dans un réfrigérateur ou 30 min au congélateur pour atteindre la consistance ferme désirée.

L'INSTANT… **AROMATIQUE**

La qualité de cette recette tient à la qualité exclusivement crue du cacao vierge de tout procédé menaçant son intégrité. Transformé en poudre à moins de 42 °C, ce cacao recèle des arômes totalement inédits pour qui ne connaît que le cacao habituellement torréfié.

Avec un thé…

– Jukro, thé rare du Palais des thés : la ganache est rendue encore plus gourmande, plus ronde, avec des notes beurrées et vanillées accentuées, et le thé devient encore meilleur. Il s'agit là d'une rencontre prodigieuse entre un thé et un dessert, tous deux exceptionnels, qui s'accompagnent jusqu'à un sommet de sensations et développent en bouche le meilleur d'eux-mêmes.

– Perles de jasmin du Palais des thés : l'accord est plus facile mais reste parfait, élégant, subtil. Le thé et le gâteau prennent de l'ampleur sans se contrarier.

Avec un vin…

Cuvée Luxure 2011, Mas de Martin, vin de France : naturellement doux, ce vin affiche un joli volume en bouche, déployant son soyeux tout en préservant une certaine fraîcheur. C'est un festival de fruits rouges et noirs, de figue et de pâte de fruit qui répond tout en complémentarité à la puissance cacaoté du dessert. De structure dense tout en restant léger, le gâteau a suffisamment de mâche pour équilibrer la puissance du vin. Un bel accord entre un mets et un vin qui jouent l'un avec l'autre.

Cette recette est une de mes préférées. J'aime passionnément les contrastes sur tous les plans, et je ne veux résister ni à la force, à la puissance – voire à la subtile amertume – du cacao corsé… ni à la douceur enfantine, à la suavité un peu facile du c*araw*mel tendre. Ils se mêlent avec une douce violence pour exploser en bouche et emporter nos papilles dans un rêve réel… La tendresse de la couche de c*araw*mel crémeux arrondit parfaitement l'impétuosité du cacao brut, cru.

OPÉ*RAW*

Un dessert ultra… ultra-classique dans le respect des règles de son art, et ultra-novateur dans sa libre interprétation *raw*! *The* dessert de L'instant… *raw*, à chanter la bouche pleine!

Préparation: 30 min

Déshydratation: 20 min

Prise au froid: 1 h

Pour 10-12 personnes

- 3 tasses (720 ml) de *Biscru Joconde* (p. 152)
- 1 tasse 1/2 (260 ml) de *Crème au café* (p. 153)
- 1 tasse 1/2 (260 ml) de *Ganache pur cacao* (p. 158)

Utile ustensile

- 1 moule carré à fond amovible (22 x 22 cm) ou des emporte-pièces carrés avec poussoir

Le biscru Joconde s'étale en 3 couches identiques (de la taille du moule) sur des feuilles Téflex, ou prend ses aises sur les feuilles en sachant qu'il sera découpé à l'emporte-pièce.

Il se laisse sécher à la douce chaleur du déshydrateur, le temps que la crème au café et la ganache se préparent pour se joindre à lui… soit 20 min. Il se fait ainsi plus sec, plus manipulable afin d'être facilement découpé pour tapisser le moule et s'intercaler avec les préparations crémeuses.

La crème au café, divisée en deux parts égales, s'étale sur la première couche de Biscru Joconde avant de se laisser recouvrir par une deuxième couche.

Puis c'est au tour de la ganache pur cacao de s'étaler sur le biscru Joconde avant de se laisser elle aussi recouvrir par ce dernier. Puis le reste de la crème au café s'étale à nouveau sur le biscru.

Le gâteau ainsi préparé se ressaisit 1 h au réfrigérateur afin de se raffermir avant d'accueillir la dernière couche de ganache pur cacao. Le gâteau est prêt à se laisser déguster…

Avec un thé…

Jukro du Palais des thés: avec ce thé rare, la ganache est rendue encore plus gourmande, plus ronde, avec des notes beurrées et vanillées accentuées, et le thé devient encore meilleur. Il s'agit là d'une rencontre prodigieuse entre un thé et un dessert tous deux exceptionnels qui s'accompagnent l'un et l'autre jusqu'à un sommet de sensations et, ensemble, développent en bouche le meilleur d'eux-mêmes.

BISCRU **JOCONDE**

Une pâte rapide pour les gâteaux moelleux. Les notes naturellement beurrées et vanillées de la noix de coco s'accordent parfaitement avec le croustillant et l'amertume boisée des noix de Grenoble.

Préparation : 15 min

Déshydratation : 20 min

Pour 3 tasses

- 2 tasses (300 g) de pulpe d'amande (voir p. 13)
- 2 tasses (200 g) de farine d'amande (voir p. 14)
- 4 cuil. à café de psyllium en poudre
- 4 cuil. à café de café soluble dilué dans 2 cuil. à soupe d'eau
- 1/2 tasse de sirop d'érable ou de sirop d'agave cru
- 2 cuil. à soupe d'huile de coco liquéfiée
- 1 bonne pincée de sel

La pulpe et la poudre d'amande se retrouvent dans un saladier avec le sel pour se mêler intimement.

Le psyllium les rejoint, cuillère après cuillère, en se parsemant légèrement sur toute la surface de la préparation afin de s'incorporer régulièrement et rapidement sans trop de manipulation. Puis le café dilué se mélange, suivi de l'huile de coco liquéfiée.

La préparation s'étale en 3 couches identiques (de la taille du moule) sur des feuilles Téflex, ou prend ses aises sur les feuilles en sachant qu'elle sera découpée à l'emporte-pièce.

Elle se laisse sécher à la douce chaleur du déshydrateur, le temps que la ou les crèmes avec lesquelles elle est destinée à s'intercaler se préparent... soit 20 min. Le biscru se fait ainsi plus sec, plus manipulable, afin d'être facilement découpé pour tapisser un moule et se mêler aux préparations crémeuses...

ÉLOGE DES **NOISETTES**

Lorsque les noisettes se défont de leur tutu de feuilles et se libèrent de leur cuirasse de bois dur, c'est tout le cœur tendre des sous-bois qui se révèle. Leur goût sucré, boisé, chocolaté est pure gourmandise. Les noisettes portent en elles des parfums de cacao, les fèves recèlent des accents de noisette. Comme si les unes et les autres gardaient la trace, le souvenir de leur évidente complicité. Le lait, la crème, le beurre et même l'huile de noisette sont précieux dans L'instant Cru.

CRÈME **AU CAFÉ**

Sans beurre mais pleine d'onctuosité, cette crème au café rebelle défie brillamment la tradition culinaire française en s'inscrivant dans la lignée du gâteau Opé*raw* emblématique de L'instant… *Raw*… euh… Cru !

Préparation : 10 min

Prise au froid : 1 h (facultatif)

Pour 8-12 personnes, soit 1 tasse 1/2

- 2 tasses (220 g) de noix de cajou
- 6 cuil. à café de café soluble dilué dans 1 tasse (240 ml) d'eau
- 1/4 de tasse + 2 cuil. à soupe (90 ml) de sirop d'agave cru ou de sirop d'érable
- 1 tasse (240 ml) d'huile de coco liquéfiée
- 1 pincée de sel

Utile ustensile

- 8 à 12 ramequins à crème brûlée

Tous les ingrédients se coulent dans la cuve d'un blender puissant pour se mêler intimement en une crème d'une parfaite onctuosité. La crème est prête à remplir des ramequins ou des petits pots, à moins qu'elle ne soit réservée à la réalisation d'un gâteau *Opé*raw (p. 150).

Cette crème se déguste moelleuse, juste tiédie par les mouvements du blender, ou bien prise 1 h au froid. Elle se conserve au réfrigérateur.

SABLE POUR CRUMBLE

Un « sable » sans farine ni beurre pour imaginer des crumbles des plus gourmands…

Préparation : 15 min

Pour 4-6 personnes

- 1 tasse (130 g) de noix de macadamia, d'amandes ou de noisettes
- 1/2 tasse (55 g) de sucre de fleur de coco ou plus selon l'acidité des fruits
- 1/4 de cuil. à café de sel
- 1/4 de cuil. à café d'extrait de vanille

Tous les ingrédients se réduisent en sable dans la cuve d'un robot muni d'une lame en S. Le sable obtenu est alors impatient de recouvrir des fruits le moment venu.

Les *Crumbles* crus (p. 146) sont plus consistants que leurs cousins à base de farine. Ils se dégustent en conscience, lentement, par petites portions.

GÂTEAU MOELLEUX **À LA MANGUE**

Un gâteau gourmand qui allie le délicat croquant des noix avec le moelleux poivré de la mangue…

Préparation : 15 min

Repos au frais : 1 h

Pour 6-8 personnes

- 2 tasses (500 ml) de *Base de gâteau moelleux* (p. 157) réalisée avec des abricots secs à la place des dattes
- 2 tasses 1/2 (350 g) de chair de mangue coupée en petits morceaux

Pour servir

- 1 larme de Grand Marnier ou de Cointreau ou de liqueur d'orange ou 1/4 de tasse (60 ml) de sirop d'agave additionné de 1 ou 2 gouttes d'huile essentielle d'orange et de 1 pincée de piment de Cayenne

Utile ustensile

- 1 moule assez haut à fond amovible ou avec poussoir (Ø 12 cm)

La moitié des mangues viennent s'écraser mollement au fond d'un moule pour se laisser recouvrir de 1 tasse de base de gâteau moelleux. Les mangues restantes s'alanguissent à nouveau sur la pâte pour se laisser recouvrir une dernière fois.

Ainsi 4 couches se laisseront tasser fermement avant de se reposer 1 h au réfrigérateur, pour se laisser apprécier… avec un peu de Grand Marnier, de liqueur d'orange ou bien de sirop d'agave additionné d'huile essentielle d'orange et de piment de Cayenne.

L'INSTANT… **AROMATIQUE**

Si la mangue se révèle un peu décevante, du citron vert en zeste ou en jus, de la poudre de cardamome, quelques framboises, de la menthe, du gingembre… peuvent venir à son secours. L'orange (en jus, en zeste ou en huile essentielle) est merveilleuse avec la mangue. Elle lui redonne les notes de tête qu'elle a perdues en voyageant, elle en rehausse les parfums précieux sans pour autant faire valoir son identité d'orange. Ainsi, de l'alcool ou plus sobrement du sirop parfumés à l'orange seront divins avec ce gâteau.

L'INSTANT… **VARIATION**

En Saison, les framboises, ou d'autres fruits, peuvent se substituer à la chair de mangue.

Avec un thé…

Singbulli DJ90, darjeeling du Palais des thés, récolte de printemps : il renforce les parfums compotés de la mangue et arrondit les notes de vanille tout en caramélisant les notes fruitées. La chaleur du thé, ses parfums très fruités et sa texture très onctueuse enrobent délicatement le dessert pour se fondre avec lui jusqu'à l'explosion des notes de mangue. Un très bel accord gourmand.

Gâteaux moelleux à l'ananas,
à la mangue, à la framboise.

GÂTEAU MOELLEUX **À L'ANANAS**

Un gâteau à la fois moelleux et croquant, qui met en valeur toute la présence royale de l'ananas et prêt à se laisser déguster en un clin d'œil.

Préparation : 15 min

Repos au frais : 1 h

Pour 6-8 personnes

- 2 tasses (500 ml) de *Base de gâteau moelleux* (p. 157)
- 2 tasses 1/2 (350 g) de chair d'ananas coupée en petits morceaux
- Des fruits ou des épices ou autres essences (facultatif)

Pour servir

- 1 larme de rhum

Utile ustensile

- 1 moule assez haut à fond amovible ou avec poussoir (Ø 12 cm)

La moitié de l'ananas vient se répartir au fond d'un moule pour se laisser recouvrir de 1 tasse de base de gâteau moelleux. Le reste de l'ananas s'étale à nouveau mollement sur la pâte pour s'en laisser recouvrir une dernière fois.

Ainsi 4 couches se laisseront tasser fermement avant de se reposer 1 h au réfrigérateur… et de se laisser servir, arrosées d'un soupçon de rhum. (Voir photo p. 155.)

L'INSTANT… **AROMATIQUE**

Parfaitement mûr et de belle qualité, l'ananas est un monde à lui seul et recèle suffisamment de saveurs singulièrement plurielles pour être savouré tel quel… sans autre exigence qu'une totale disponibilité des papilles. Malheureusement, il est bien difficile de se procurer un bon ananas sucré, juteux et mûr à souhait. Il est toujours possible de le sucrer s'il est trop acide ou de lui ajouter un soupçon de piment de Cayenne s'il est trop suave. S'il manque de goût, il se peut qu'il appelle à sa rescousse quelques feuilles de coriandre (ou 1 goutte d'huile essentielle de coriandre feuille), un soupçon de mandarine ou d'orange, en zeste ou en huile essentielle. Enfin le pamplemousse, surtout le pomelo peut aussi réveiller son éventuelle sapidité par son amertume et le distraire par des arômes de fleurs blanches.

Avec un thé…

Blue of London du Palais des thés, parfumé à la bergamote douce de Calabre : sans conteste, ce thé, sur une base de thé noir du Yunnan, permet un accord aussi vif et pétillant en attaque que rond et gourmand en cœur. Ses notes douces de bois ciré et de miel permettent à l'ananas d'exploser en bouche tout en atténuant son acidité. L'ananas enrobe la note agrume en lui apportant de la fraîcheur. En attaque, le duo vif et pétillant ananas-bergamote est relayé par des notes de cœur plus rondes qui deviennent de plus en plus gourmandes en fond pour se compoter, se beurrer et se caraméliser. Le crust résonne aussi avec gourmandise avec les notes douces et miellées du thé.

BASE DE **GÂTEAU MOELLEUX**

Une pâte rapide pour les gâteaux moelleux. Les notes naturellement beurrées et vanillées de la noix de coco s'accordent parfaitement avec le croustillant et l'amertume boisée des noix de Grenoble.

Préparation : 20 min

Pour 6-8 personnes

- 1 tasse (65 g) de noix de coco râpée
- 1 tasse (130 g) de noix de Grenoble ou d'amandes
- 1/4 de tasse (30 g) de dattes ou d'abricots secs dénoyautés
- 1 généreuse pincée de sel

Utile ustensile

- 1 moule rond (Ø 12 cm)

Tous les ingrédients se retrouvent dans la cuve d'un robot muni d'une lame en S pour se laisser broyer délicatement en sable grossier. Il aime ainsi être broyé par pulsions successives et contrôlées pour ne pas devenir huileux et collant.

Quand il s'écrase sous la pression des doigts sans rendre d'huile, le sable est prêt à tapisser un moule ou à recouvrir des fruits en couche plus ou moins épaisse selon la recette.

L'INSTANT... **DÉGUSTATION**

Avec des framboises et/ou des fraises, cette base de gâteau est excellente. Un peu de *Crème fraîche* (p. 160) légèrement sucrée peut l'accompagner avantageusement.

ÉLOGE DES **FRAISES**

Comme de vieilles âmes dans des corps d'enfants, les fraises, lorsqu'elles sont mûres et de qualité préservée, surprennent toujours par la puissance de leurs parfums, qui explosent en bouche avec une force qui contraste avec leur apparence candide et juvénile. Les fraises sont l'enfance et nous y replongent inévitablement, c'est leur mystère. Elles sont le goût du rouge et du vert comme les framboises sont celui du rose foncé. Elles apportent une touche divine à toutes les recettes de gâteaux, de crèmes, de coulis, mais aussi de salades et de plats.

GANACHE **PUR CACAO**

Une ganache au cacao pur et dur pour attendrir les palais les plus fins… comme une caresse… Des arômes crus inexplorés portés par la douceur d'une onctuosité parfaite.

Préparation : 10 min

Prise au froid : 3 h au réfrigérateur ou 30 min au congélateur

Pour 4 tasses, soit 8-10 personnes

- 2 tasses 1/4 (540 ml) de sirop d'érable ou de sirop d'agave cru
- 2 tasses 1/4 (250 g) de poudre de cacao cru
- 1 tasse (240 ml) d'huile de coco fondue
- 1/2 cuil. à café de café soluble (facultatif)

Tous les ingrédients se blottissent dans la cuve d'un blender puissant pour être broyés intimement en une ganache onctueuse.

Cette ganache (plus souple que la *Ganache très chocolat*, p. 130) est alors prête à se couler nonchalamment sur un fond de tarte bien refroidi.

Le caractère corsé et pur de cette ganache tient essentiellement à la qualité du cacao utilisé. De qualité exclusivement crue, provenant de fèves issue d'une agriculture biologique, le cacao cru est le résultat d'un procédé qui bannit toute torréfaction et ne chauffe pas les fèves à plus de 42 °C. Ce procédé préserve les qualités gustatives et nutritives du cacao et lui confère une puissance jusque-là inconnue aux papilles qui n'ont goûté que le cacao habituellement torréfié.

TARTE AU **CHOCOLAT**

La texture croustillante de la pâte, les arômes corsés et inédits de la ganache fondante ont démodé à mes papilles tous les plus sublimes gâteaux au chocolat que j'ai adorés auparavant.

Préparation : 30 min

Prise au froid : au moins 3 h

Pour 6-8 personnes

- 2 tasses (000 g) de *Fond de tarte aux amandes et au cacao* (p. 129)
- 4 tasses (960 ml) de *Ganache pur cacao* (p. 158)

Utile ustensile

- 1 moule assez haut (Ø 20 cm)

Le fond de tarte aux amandes et au cacao s'est glissé dans le moule pour le tapisser uniformément et s'aplatir le plus fermement possible afin de garantir en durcissant au froid un croustillant parfait, le temps que la ganache se prépare.

Il est alors durci comme il faut pour accueillir la ganache qui, toute onctueuse et lisse au sortir du blender, le retrouve dans le moule pour le recouvrir en douceur de sa brillance. Le moule ainsi rempli demande à être tapoté (pas violemment secoué, mais fermement tapoté) sur le plan de travail pour évacuer les bulles d'air de la ganache.

La tarte attendra patiemment au réfrigérateur, au moins 3 h, avant de se laisser déguster.

Avec un thé...

Jukro, thé rare du Palais des thés : la ganache est rendue encore plus gourmande, plus ronde, avec des notes beurrées et vanillées accentuées, et le thé devient encore meilleur. Il s'agit là d'une rencontre prodigieuse entre un thé et un dessert exceptionnels qui s'accompagnent jusqu'à un sommet de sensations et développent en bouche le meilleur d'eux-mêmes.

Avec un vin...

Cuvée Luxure 2011, Mas de Martin, vin de France : naturellement doux, ce vin affiche un joli volume en bouche, déployant son soyeux tout en préservant une certaine fraîcheur. C'est un festival de fruits rouges et noirs, de figue et de pâte de fruit qui répond tout en complémentarité à la puissance cacaoté du dessert. De structure dense tout en restant léger, le gâteau a suffisamment de mâche pour équilibrer la puissance du vin. Un bel accord entre un mets et un vin qui jouent l'un avec l'autre.

CRÈME **FRAÎCHE**

Incroyablement lactée et légèrement acide, cette crème accompagne des desserts, des fruits ou des légumes.

Trempage : 4 h

Préparation : 15 min

Prise au froid : 20 min

Pour 8-10 personnes

- 1 tasse (115 g) de noix de cajou
- 1 tasse (130 g) de copeaux de jeunes noix de coco séchés, puis réhydratés dans l'eau 4 h et soigneusement rincés
- 3 cuil. à soupe de jus de citron
- 1/4 de cuil. à café de sel
- Eau

Tous les ingrédients se ruent dans la cuve d'un blender puissant pour être intimement mixés en une crème onctueuse et fraîche. Le moins d'eau possible sera ajoutée peu à peu dans la cuve du blender pour ne pas étouffer les lames.

FROMAGE DE **NOIX DE MACADAMIA** ET DE CAJOU AU CITRON

Une douceur lactée stimulée par l'acidité subtile du citron pour un cheesecake incomparable de légèreté et de finesse, à déguster tel quel, avec des fruits…

Préparation : 15 min

Prise au froid : 3 h au réfrigérateur ou 30 min au congélateur, ou sans réfrigération pour une consistance crémeuse

Pour 8-10 personnes

- 2 tasses (230 g) de noix de cajou
- 1 tasse (130 g) de noix de macadamia
- 3/4 de tasse (180 ml) d'huile de coco liquéfiée
- 3 cuil. à soupe (45 ml) de jus de citron ou moins selon son acidité
- 1/2 tasse (120 ml) de sirop d'agave cru
- 1/4 de tasse (30 g) d'érytritol, de xylitol ou de sirop d'agave cru et clair
- 1 cuil. à café d'extrait de vanille
- 1 cuil. à soupe de zeste de citron finement râpé (plus ou moins selon les fruits qui accompagnent)
- 1/4 de cuil. à café de sel
- 1/2 tasse (120 ml) d'eau ou plus si le mélange étouffe les lames du mixeur

Les ingrédients se ruent dans la cuve d'un blender puissant pour être intimement mixés en un fromage aussi crémeux qu'irrésistible.

Un peu d'eau se glisse si besoin dans le mélange au cours du mixage pour préserver les lames du blender de l'étouffement…

Ce fromage est un trésor qui se conserve longtemps au réfrigérateur. Légèrement citronné, il se dévore tel quel ou accompagné de coulis de fruits. Il est délicieux en parfait avec des fruits frais.

CRÈME AU **CITRON**

Une crème « *so lemon curd* » acidulée juste ce qu'il faut pour égayer des *crackers* à l'heure du thé, réaliser des parfaits ou d'incroyables tartes au citron.

Préparation : 15 min

Prise au froid : 15 min

Pour 2 tasses 1/2 (620 ml)

- 3/4 de tasse (180 ml) de sirop d'agave
- 1/2 tasse plus 2 cuil. à soupe (150 ml) de jus de citron selon son acidité
- 1/4 de cuil. à café de zeste de citron finement râpé
- 1/4 de tasse (40 g) de noix de cajou
- 1/4 de tasse + 2 cuil. à soupe (90 ml) d'huile de coco liquéfiée
- 1/2 tasse (120 ml) d'eau
- 1/2 cuil. à café (2,5 g) d'agar-agar
- 1/4 de cuil. à café de curcuma
- 1 pincée de sel

Le sirop d'agave, le jus et le zeste de citron, le curcuma, les noix de cajou et le sel se retrouvent dans la cuve d'un blender puissant pour se laisser parfaitement mixer.

L'eau dans laquelle la poudre d'agar-agar est diluée est portée à ébullition quelques secondes avant de refroidir en étant agitée par un fouet de temps en temps.

L'huile de coco liquéfiée se glisse en filet dans la cuve du blender alors que celui-ci rugit à nouveau pour l'intégrer et émulsionner le mélange. La crème est alors prête à recevoir l'eau additionnée d'agar-agar tant que le mélange est encore tiède et que le blender tourne toujours pour mixer intimement la préparation.

La crème au citron se coulera immédiatement dans des verrines, des petits pots ou sur un fond de tarte avant d'épaissir 15 min au réfrigérateur.

L'INSTANT... **VARIATION**

– La crème peut être fouettée pour perdre sa consistance gélifiée et devenir plus crémeuse.

– Utilisez le jus et le zeste de citron bergamote à la place du citron jaune : ils sont délicieux dans cette recette.

– 1 goutte d'huile essentielle de verveine ou même de menthe renouvelle les parfums du citron.

Avec un thé...

Blue of London du Palais des thés : les notes de miel et de bois ciré de ce thé parfumé à la bergamote douce de Calabre s'accordent parfaitement avec la tarte au citron sans rivalité... Une gorgée de thé dilate chaleureusement les papilles et favorise la dégustation de la tarte, de même que l'acidulé du citron met en valeur les agrumes du thé.

TARTE AU **CITRON**

Une pâte sablée aux délicates nuances de coco pour accueillir une crème au citron acidulée et suave. Une recette véritablement incroyable mais absolument crue !

Préparation : 30 min

Prise au froid : 30 min

Pour 6 personnes

- 3 tasses (720 ml) de *Fond de tarte sucré* encore sableux (p. 164)
- 2 tasses 1/2 (600 ml) de *Crème au citron* (p. 161)

Utile ustensile

- 1 moule à tarte (Ø 20 cm) ou 6 moules individuels à fond amovible

Le sable du fond de tarte vient tapisser le ou les moules en s'écrasant fermement contre les parois pour former une croûte qui se solidifiera au froid le temps que la crème au citron se prépare pour les retrouver.

Ainsi la crème encore tiède au sortir du blender se coule coquettement dans les moules avant de prendre au froid 30 min au réfrigérateur.

Avec un thé...

Blue of London du Palais des thés : les notes zestées et miellées de ce thé parfumé s'accordent parfaitement avec la tarte au citron, sans rivalité... Le Blue of London est parfumé à la bergamote douce de Calabre sur une base de thé du Yunnan aux notes de miel et de bois ciré. Une gorgée de ce thé dilate chaleureusement les papilles et favorise la dégustation de la tarte, de même que le côté acidulé du citron met en valeur les agrumes du thé.

FOND DE TARTE SUCRÉ

Un fond de tarte délicatement sablé, aux doux accents de coco, qui durcit docilement au réfrigérateur pour surprendre les incrédules… Qui l'eût cru ?

Préparation : 10 min

Prise au froid : 1 à 2 h au réfrigérateur ou 10 min au congélateur

Pour 6 personnes

- 2 tasses (225 g) de farine d'amande (voir p. 14)
- 1 tasse (100 g) de farine de noix de coco (voir p. 14)
- 1/2 tasse (120 ml) d'huile de noix de coco liquéfiée
- 3/4 de tasse (75 g) de sucre de fleur de coco
- 1/4 de cuil. à café de sel

Parfum au choix, selon l'inspiration

- Poudre ou extrait de vanille ou zeste d'agrume ou 1 goutte d'huile essentielle (parfum au choix)

Utile ustensile

- Des moules à fond amovible

Tous les ingrédients peuvent se rejoindre dans la cuve d'un robot muni d'une lame en S ou se laisser tranquillement malaxer en une pâte lisse avant de tapisser des moules à tartelettes ou un grand moule (voir p. 15).

Les moules ainsi garnis se devront de séjourner 1 à 2 h au réfrigérateur (ou 10 min au congélateur) pour que la pâte ait le temps de durcir avant d'être garnie. Par temps chaud, cette pâte appréciera d'être maintenue au réfrigérateur jusqu'au moment d'être servie.

De bonne composition, elle acceptera volontiers d'être gardée à disposition en se laissant engourdir dans un congélateur.

L'INSTANT **VARIATION**

– *Tarte aux fruits* : ce fond de tarte appelle joyeusement quelques fruits frais ou décongelés dont l'intensité et la teneur en sucre auront été décuplées par un séjour de quelques heures à la douce chaleur d'un déshydrateur. À moins qu'un mélange de fruits frais et de fruits séchés, comme pour les confitures (voir p. 16) ou les *Crumbles* (p. 146), n'ait été préféré. Un peu de *Crème non brûlée* (p. 140) peut tapisser le fond de tarte pour accueillir moelleusement des figues, des prunes, des fruits noirs ou des abricots… Un peu de *Crème fraîche* (p. 160) sucrée avec du sirop d'agave et vanillée sera apprécié par les framboises, les fraises et tous les fruits rouges qui viendront se blottir sans déshydratation préalable au fond de la tarte.

– Les fruits apprécient qu'on les fasse briller avec la *Gelée de nappage* suivante : 1/2 cuil. à café d'agar-agar diluée dans 1/2 tasse d'eau et portée à l'ébullition quelques secondes avant d'être additionnée de 2 cuil. à soupe de sirop d'érable et de 1 cuil. à café de jus de citron. Ce mélange attend de refroidir et de s'épaissir légèrement pour se couler sur les fruits…

TUILES DE SÉSAME NOIR **AUX FRAMBOISES**

Quand la croustillance des tuiles de sésame noir rencontre la fraîcheur sensuelle des framboises et la douceur de la crème, leurs parfums et leurs textures éclatent joyeusement en bouche pour renouveler nos plaisirs sucrés.

Préparation : 20 min

Déshydratation : 18 h

Pour 10 pièces

- 30 *Tuiles de sésame noir* (ci-dessous)
- 2 tasses (250 g) de framboises fraîches
- 1/2 tasse de *Crème fraîche* (p. 160)

Les framboises se posent délicatement sur le tiers ou la moitié des tuiles et se laissent recouvrir par une autre tuile croustillante... 2 ou 3 superpositions peuvent ainsi se construire – à la dernière minute, pour ne pas menacer la croustillance des tuiles...

La crème fraîche accompagne le gâteau en rondeur.

TUILES DE **SÉSAME NOIR**

L'amertume boisée du sésame noir arrondie par les notes vanillées et chaudes du sirop d'érable au travers d'une texture ultra-croustillante.

Préparation : 10 min

Déshydratation : 18 h

Pour 30 pièces

- 1 tasse (200 g) de beurre de sésame noir (voir p. 15)
- 3/4 de tasse (180 ml) d'eau
- 1/4 de tasse (60 ml) de sirop d'érable ou de sirop d'agave cru
- 1/4 de tasse (45 g) de graines de lin doré fraîchement moulues
- 1 pincée de sel rose

Tous les ingrédients se rejoignent joyeusement dans la cuve d'un robot muni d'une lame en S et se laissent mixer rapidement pour former une purée qui s'étalera nonchalamment en couche fine sur une feuille Téflex.

La déshydratation durera 6 h au déshydrateur pour permettre aux tuiles de se retourner sur la grille, puis se prolongera jusqu'à 12 h supplémentaires pour obtenir la croustillance désirée.

ÉLOGE DES **FRAMBOISES**

« Framboises, framboises… » Prononcer leur nom met déjà l'eau à la bouche. Il annonce la sensualité presque indécente de leur rose… foncé comme une chair mordue, peut-être parce qu'elles portent en cœur le parfum frais des roses et en fond celui plus lourd et presque sanguin des violettes. Elles ont l'audace d'y mêler les notes boisées de leurs pépins ainsi que des pointes d'acidités vertes, unifiées par des notes beurrées et lactées d'une gourmandise absolue. Elles sont exquises telles quelles et avec une multitude de desserts… Leur complicité végétale, encore confidentielle avec les préparations laiteuses, crémeuses et fromagères à base de noix de macadamia, de cajou et d'amandes, est révélée dans L'instant Cru.

GÂTEAUX DE VOYAGE
AUX 3 PARFUMS
EN TUILES FINES

Des tuiles croustillantes divinement parfumées en hommage au génie de Pierre Hermé qui a su marier la rose, la framboise et le litchi pour l'éternité.

Préparation : 20 min

Déshydratation : plus ou moins 24 h selon la finesse des tuiles et la croustillance désirée

Pour 30 pièces

- 2 tasses (250 g) de framboises fraîches ou surgelées
- 2 tasses (250 g) de litchis frais, épluchés et dénoyautés
- 1 tasse (140 g) d'amandes trempées 12 h dans l'eau (facultatif)
- 1 tasse (100 g) de graines de tournesol trempées de 4 à 8 h
- 1 tasse (240 ml) de sirop d'érable ou de sirop d'agave cru
- 1/2 tasse (90 g) de graines de lin fraîchement moulues
- 1/2 tasse (50 g) de baies de goji trempées 1 h
- 1 ou 2 gouttes d'huile essentielle de rose de Damas incorporée dans le sirop d'érable

Les framboises, les litchis, le sirop d'érable à la rose se jettent les premiers dans la cuve d'un blender puissant pour faire intimement connaissance avant d'accueillir les baies de goji, puis les amandes et les graines de tournesol soigneusement rincées après leur bain dans l'eau pure.

Le mélange obtenu est assez finement broyé pour s'étaler sur une feuille Téflex en couche fine.

Après plus ou moins 24 h – selon leur épaisseur – passées dans le déshydrateur, les tuiles deviennent croustillantes et irrésistibles... prêtes à être dégustées telles quelles ou délicatement entremêlées de fruits et de crème.

Avec un vin...

Traminer 2011, Domaine Tissot, Arbois : cette cuvée, issue d'un cépage de la famille du gewurztraminer, complète les tuiles par sa texture crémeuse et ses arômes exotiques.

Pierre Hermé a uni pour toujours la framboise, la rose et le litchi. La première fois que j'ai goûté un macaron Ispahan, j'ai été émue par la délicatesse de ces accords. Ma joie est grande d'oser et d'offrir à mon tour une version croustillante et crue de cette pâtisserie inimitable.

Un petit déjeuner de choix :
Gâteaux de voyage aux 3 parfums
et Yaourt *(p. 170).*

LAITS D'AMANDE

Leur douceur végétale et leurs notes discrètement coumarinées en font des laits précieux pour la subtilité de leurs vertus gustatives et digestives.

Préparation : 5 min

Pour 3 verres

- 3 tasses (720 ml) de lait d'amande exprimées à partir de 1 tasse d'amande et 3 tasses d'eau (voir p. 13)
- 1 cuil. à soupe de sirop d'agave cru ou de jus de pomme cru
- 1 pincée de sel
- 1 cuil. à soupe d'huile de coco
- 1/2 cuil. à café de jus de citron

Des parfums…

- 1/4 de tasse (60 ml) de poudre de cacao cru ou 1 tasse de fruits frais ou surgelés ou 1/2 cuil. à café d'extrait de vanille ou 1 ou 2 gouttes d'huile essentielle mêlées au sirop d'agave ou de jus de pomme cru

Des couleurs…

- Pour du lait bleu-vert : poudre de spiruline
- Pour du lait jaune : curcuma
- Pour du lait rose ou violet : jus de betterave

Tous les ingrédients, ainsi que le parfum et éventuellement le « colorant », se mélangent dans un shaker.

YAOURTS

Naturellement vanillé, ce yaourt de noix de coco et de cajou est souverain pour enjôler nos papilles et cajoler notre flore intestinale. Des dégustations renouvelées…

Préparation : 15 min

Trempage (noix de coco) : de 1 à 12 h

Fermentation : 12 à 24 h

Pour 2-3 yaourts

- 1 tasse 1/2 (115 g) de copeaux de jeunes noix de coco séchés, réhydratés et soigneusement rincés
- 1/2 tasse (60 g) de noix de cajou
- 1/2 à 1 cuil. à café de probiotiques
- Eau

Après fermentation

- 1 pincée de sel
- 1 cuil. à soupe de jus de citron

Tous les ingrédients (sauf le sel et le citron) se ruent dans la cuve d'un blender puissant pour atteindre une consistance crémeuse. Le moins d'eau possible sera ajoutée peu à peu dans la cuve pour ne pas étouffer les lames.

Le mélange est invité à se reposer 12 h dans le déshydrateur pour permettre la fermentation de la préparation (ou jusqu'à 24 h à température ambiante).

Après fermentation, le yaourt est à nouveau mixé avec le sel et le jus de citron.

L'INSTANT… **VARIATION**

– Ce yaourt peut être aromatisé avec de la purée de fruit, des épices, des huiles essentielles… Il peut être additionné de fruits frais, secs, de gâteaux de voyage secs émiettés, de muesli… ou allongé pour se laisser boire (photo p. 21).

– Les huiles essentielles s'utilisent avec parcimonie : à peine 1 goutte suffit pour distraire la préparation. Il est recommandé de la diluer dans de l'huile de coco ou du sirop d'agave avant de l'introduire précautionneusement dans la crème, en prenant soin de la goûter.

« Ce n'est pas ce qui entre dans la bouche
qui souille l'homme ; mais ce qui sort de la bouche,
voilà ce qui souille l'homme. »

Évangile selon saint Matthieu 18, 11-20

REMERCIEMENTS

Je remercie tout d'abord Carine Baudry, aromaticienne de génie et première dégustatrice éclairée des recettes de L'instant Cru. Carine a déployé mon espace de créativité par la confiance et les encouragements qu'elle m'a prodigués. Travailler avec elle, qui restera toujours « mon professeur », est une joie inaltérable.

Je remercie chaleureusement le Living Light Culinary Institute de Fort Bragg, en Californie, où j'ai passé des moments merveilleux dans la découverte de la raw food. L'enseignement y est complet, festif et généreux. Ma reconnaissance se tourne plus particulièrement vers mon professeur Vinnette Thompson, un chef hors du commun, qui m'a encouragée avec beaucoup d'amour et de conviction.

Merci à Thibaud Lafarie, pour avoir brillamment relevé le défi des accords mets crus et vins.

Je remercie Dorothée Machils, qui a imaginé la table « Et au milieu coule une rivière » dans la serre de la péniche (p. 9) et sans qui les vingt-cinq tonnes de terre transportées sur les écoutilles de la péniche L'instant Cru n'auraient pu se transformer en jardin permaculturel... et gourmand ! (p. 6)

Merci à Perrine et Charles-Hervé Gruyer qui, en créant l'extraordinaire ferme pédagogique du Bec-Hellouin, m'ont initiée joyeusement à la permaculture. (www.fermedubec.com)

Merci à mes éditrices Laure Paoli et Véronique Galland, pour avoir réalisé ce livre hors pistes avec toute leur confiance et leur expertise bienveillante, et n'avoir renoncé à aucune acrobatie pour me soutenir inconditionnellement.

Merci à Nicolas Leser, avec qui ce fut une pure joie de travailler les photos de ce livre et grâce à qui cet ouvrage a trouvé son vrai souffle.

Merci à mes anges, Anne-Marie, Tatiana et Abraham, qui savent transformer les instants crus en instants de grâce.

Merci à Hermione, des marchés bio des boulevards Raspail et des Batignolles à Paris, pour cultiver avec amour les herbes d'orge, de blé, les aromatiques...

Merci à Claire Fillion, Christian Escriva et Guillaume Gérault, pour leur précieuse connaissance des huiles essentielles et les puissantes méditations olfactives partagées.

Et toujours Jean-Christophe, Sylvie, Shakti, Dominique et Laurent, ainsi que Johanne et Stéphan.

Merci à Jean-Pierre, pour son indéfectible soutien.

ADRESSES

Trouver les ressources en ingrédients de pure « qualité crue » pour réaliser mes recettes n'est pas toujours évident. Les **magasins biologiques** proposent beaucoup d'excellents produits mais la « qualité crue » garantissant un séchage en deçà de 42 °C, n'est pas toujours au rendez-vous et certains produits ne figurent pas à leur catalogue. Avec les ustensiles et le matériel de base, je les ai réunis avec l'exigence et l'intégrité qui caractérisent L'instant Cru dans la boutique de mon site internet **linstantcru.com** pour vous en faciliter l'accès.

L'excellent site **orkos.fr** propose des fruits, des légumes frais et séchés en deçà de 42 °C ainsi que des algues.

Tous les thés du Palais des thés conseillés dans cet ouvrage sont disponibles sur le site **linstantcru.com** et les vins préconisés chez **meilleursvinsbio.com**.

INDEX DES RECETTES

Les recettes suivies de (V) sont des variantes.

Ouvrage publié sous la direction de Laure Paoli

Responsable éditoriale : Véronique Galland
Relecture et corrections : Alice Breuil
Conception graphique : Stéphanie Le Bihan
Mise en pages : Stéphanie Le Bihan, Bénédicte Chantalou (Yuruga)

Éditions Albin Michel
22, rue Huyghens, 75014 Paris
www.albin-michel.fr

ISBN : 978-2-226-25736-9
N° d'édition : 21718 – N° d'impression : L71942

Dépôt légal : avril 2015

Imprimé en France par Pollina.